Introduction

Jésus est un personnage historique incontournable, qui a vécu il y a près de 2000 ans. Quatre hommes ont écrit chacun un récit de sa vie, retraçant ses actes et ses paroles les plus marquants. Ils étaient eux-mêmes témoins ou proches de témoins des événements.

Ces quatre récits sont connus dans la Bible sous le nom d'évangiles de Matthieu, Marc, Luc et Jean. Des extraits en sont proposés dans *Jésus en 90 minutes*, suivant un ordre plus ou moins chronologique.

Si vous n'avez jamais lu les évangiles, ce livret vous permettra de découvrir Jésus. Si vous êtes déjà familiarisé(e) avec la Bible, nous espérons que vous apprécierez ce concept de «4 en 1».

Certaines phrases sont en italique. Il s'agit de citations de la première partie de la Bible: l'Ancien Testament.

Bonne lecture!

Les éditeurs

I. Un enfant bien particulier

Il y a environ 2000 ans, la nation d'Israël se situait à l'intérieur des frontières de l'Empire romain. Le général Pompée avait conquis Jérusalem en 63 av. J.-C.

Le territoire situé entre le Jourdain et la mer Méditerranée était partagé en plusieurs régions au sud, la Judée; au nord, la Galilée; entre deux, la Samarie.

En tant que puissance occupante, les Romains ont nommé roi des Juifs un certain Hérode, devenu Hérode le Grand. Celui-ci a régné sur une bonne partie de la région de 37 à 4 av. J.-C.

C'est dans ce contexte que naît un certain Jésus.

Bon à savoir

- La spiritualité juive reposait sur des textes de type historique, poétique et prophétique qui sont aujourd'hui regroupés dans la Bible sous le nom d'Ancien Testament. Les Juifs les désignaient souvent sous le terme d'**Ecriture(s)**.
- Lorsqu'on parle de la **loi**, dans les évangiles, il s'agit souvent de la loi de Moïse (qui contient notamment les dix commandements) ou, plus globalement, des cinq premiers livres de l'Ancien Testament.
- Capitale d'Israël depuis environ 1000 av. J.-C., Jérusalem était le centre religieux du judaïsme. C'était là que se trouvait le **temple** dédié à Yahvé, le Dieu d'Israël. On y offrait des sacrifices d'animaux.
- Une bonne partie de la vie religieuse se déroulait dans les **synagogues**. Les Juifs s'y rendaient, le sabbat et les jours de fête, pour prier et pour entendre la lecture et l'explication des livres de l'Ancien Testament. Tout membre mâle de l'assistance pouvait être invité à prendre la parole.

PROCHE-ORIENT
À L'ÉPOQUE DE JÉSUS-CHRIST
ESPACES DÉLIMITÉS PAR ROME
A Judée, rattachée à la Syrie
B Domaines impériaux
C Tétrarchie d'Hérode Antipas
D Tétrarchie de Philippe
E Tétrarchie de Lysanias
F Province de Syrie et ses dépendances
G Royaume nabatéen
N
0
25
50 km
Mer Méditerranée
Sidon
Sarepta
PHÉNICIE
Tyr
ABILÈNE
Damas
SYRIE
Mt Hermon
ITURÉE
Dan
Césarée de Philippe
PANIAS
Cadasa
GALILÉE
GAULANITIDE
BATANÉE
TRACHONITE
Chorazin
Capernaüm
Bethsaïda
Nave
Ptolémaïs
Cana
Magdala
Lac de Galilée
Pays de Génésareth
Plaine d'Esdrelon
Tibériade
Hippus
Gamala
Gabaa
Sepphoris
Nazareth
Beth-Yerah
Dium
AURANITIDE
Besara
Naïn
Mt Thabor
Yarmouk
Gadara
Abila
Adraa
Dora
Caparcotnei
Scythopolis
DÉCAPOLE
Césarée
Jourdain
Pella
SAMARIE
Plaine du Saron
Samarie
Gerasa
Apollonie
Mt Garizim
Sychar
Jabbok
Antipatris
Jaffa
Arimathée
Phasaelis
Gadora
Lydde
Gophna
Ephraïm
Archelaïs
PÉRÉE
Philadelphia
Jamnia
Emmaüs
Rama
Jéricho
Béthanie
Bethphagé
Qumrân
Esbus
Azot
JUDÉE
Jérusalem
Béthanie
Bethléhem
Médeba
Askalon
Herodium
Désert de Judée
Bétograbris
Machéronte
Hébron
Gaza
IDUMÉE
En-Guédi
Mer Morte
Arnon
Kérijoth
Masada
Beer-Shéba
Malatha
NABATÉENS
Tsoar
Elusa

1. Une grossesse qui bouleverse tout

L'ange Gabriel fut envoyé par Dieu dans une ville de Galilée, appelée Nazareth, chez une vierge fiancée à un homme de la famille de David[1], appelé Joseph. Le nom de la vierge était Marie. L'ange entra chez elle et dit: «Je te salue, toi à qui une grâce a été faite, le Seigneur est avec toi. Tu es bénie parmi les femmes.»

Troublée par cette parole, Marie se demandait ce que pouvait signifier une telle salutation.

L'ange lui dit: «N'aie pas peur, Marie, car tu as trouvé grâce auprès de Dieu. Voici que tu seras enceinte. Tu mettras au monde un fils et tu lui donneras le nom de Jésus[2]. Il sera grand et sera appelé Fils du Très-Haut, et le Seigneur Dieu lui donnera le trône de David, son ancêtre. Il régnera sur la famille de Jacob éternellement, son règne n'aura pas de fin.»

Marie dit à l'ange: «Comment cela se fera-t-il, puisque je n'ai pas de relations avec un homme?»

L'ange lui répondit: «Le Saint-Esprit viendra sur toi et la puissance du Très-Haut te couvrira de son ombre. C'est pourquoi le saint enfant qui naîtra sera appelé Fils de Dieu. Voici qu'Elisabeth, ta parente, est elle aussi devenue enceinte d'un fils dans sa vieillesse. Celle que l'on appelait 'la stérile' est dans son sixième mois. En effet, rien n'est impossible à Dieu.»

Marie dit: «Je suis la servante du Seigneur. Que ta parole s'accomplisse pour moi!»

Et l'ange la quitta.

A la même époque, Marie s'empressa de se rendre dans une ville de la région montagneuse de Juda. Elle entra dans la maison de Zacharie et salua Elisabeth. Dès qu'Elisabeth entendit la salutation de Marie, son enfant remua brusquement en elle et elle fut remplie du Saint-Esprit. Elle s'écria d'une voix forte: «Tu es bénie parmi les femmes et l'enfant que tu portes est béni. Comment m'est-il accordé que la mère de mon Seigneur vienne vers moi? En effet, dès que j'ai entendu ta salutation, l'enfant a tressailli de joie en moi. Heureuse celle qui a cru, parce que ce qui lui a été dit de la part du Seigneur s'accomplira.»

1 Premier grand roi d'Israël; il avait reçu la promesse que le libérateur envoyé par Dieu (le Messie) serait issu de sa dynastie.
2 Nom qui signifie *l'Eternel sauve, l'Eternel délivre.*

Marie dit:
«Mon âme célèbre la grandeur du Seigneur
et mon esprit se réjouit en Dieu, mon Sauveur,
parce qu'il a porté le regard sur son humble servante.
En effet, voici, désormais toutes les générations me diront heureuse,
parce que le Tout-Puissant a fait de grandes choses pour moi.
Son nom est saint,
et sa bonté s'étend de génération en génération
sur ceux qui le craignent.
Il a agi avec la force de son bras,
il a dispersé ceux qui avaient dans le cœur des pensées orgueilleuses.
Il a renversé les puissants de leurs trônes
et il a élevé les humbles.
Il a rassasié de biens les affamés
et il a renvoyé les riches les mains vides.
Il a secouru Israël, son serviteur,
et *il s'est souvenu de sa bonté*
– comme il l'avait dit à nos ancêtres –
en faveur d'Abraham et de sa descendance pour toujours.»
Marie resta environ trois mois avec Elisabeth, puis elle retourna chez elle.

Luc 1

Joseph, son fiancé, qui était un homme juste et qui ne voulait pas l'exposer au déshonneur, se proposa de rompre secrètement avec elle. Comme il y pensait, un ange du Seigneur lui apparut dans un rêve et dit: «Joseph, descendant de David, n'aie pas peur de prendre Marie pour femme, car l'enfant qu'elle porte vient du Saint-Esprit. Elle mettra au monde un fils et tu lui donneras le nom de Jésus car c'est lui qui sauvera son peuple de ses péchés.»

A son réveil, Joseph fit ce que l'ange du Seigneur lui avait ordonné et il prit sa femme chez lui, mais il n'eut pas de relations conjugales avec elle jusqu'à ce qu'elle ait mis au monde un fils premier-né auquel il donna le nom de Jésus.

Matthieu 1

2. Une naissance qui fait peur à certains

A cette époque-là parut un édit de l'empereur Auguste qui ordonnait le recensement de tout l'Empire. Ce premier recensement eut lieu pendant que Quirinius était gouverneur de Syrie. Tous allaient se faire inscrire, chacun dans sa ville d'origine.

Joseph aussi monta de la Galilée, de la ville de Nazareth, pour se rendre en Judée dans la ville de David, appelée Bethléhem, parce qu'il était de la famille et de la lignée de David. Il y alla pour se faire inscrire avec sa femme Marie qui était enceinte.

Pendant qu'ils étaient là, le moment où Marie devait accoucher arriva, et elle mit au monde son fils premier-né. Elle l'enveloppa de langes et le coucha dans une mangeoire parce qu'il n'y avait pas de place pour eux dans la salle des hôtes.

Il y avait dans la même région des bergers qui passaient la nuit dans les champs pour y garder leur troupeau. Un ange du Seigneur leur apparut et la gloire du Seigneur resplendit autour d'eux. Ils furent saisis d'une grande frayeur. Mais l'ange leur dit: «N'ayez pas peur, car je vous annonce une bonne nouvelle qui sera une source de grande joie pour tout le peuple: aujourd'hui, dans la ville de David, il vous est né un Sauveur qui est le Messie[3], le Seigneur. Voici à quel signe vous le reconnaîtrez: vous trouverez un nouveau-né enveloppé de langes et couché dans une mangeoire.»

Et tout à coup une foule d'anges de l'armée céleste se joignit à l'ange. Ils adressaient des louanges à Dieu et disaient: «Gloire à Dieu dans les lieux très hauts, paix sur la terre et bienveillance parmi les hommes!»

Lorsque les anges les eurent quittés pour retourner au ciel, les bergers se dirent les uns aux autres: «Allons jusqu'à Bethléhem pour voir ce qui est arrivé, ce que le Seigneur nous a fait connaître.»

Ils se dépêchèrent d'y aller et ils trouvèrent Marie et Joseph, ainsi que le nouveau-né couché dans la mangeoire. Après l'avoir vu, ils racontèrent ce qui leur avait été dit au sujet de ce petit enfant.

3 Ou *oint de Dieu*, en grec *Christos*. Les Juifs attendaient, d'après les promesses de l'Ancien Testament, la venue d'une personne désignée par Dieu, qui leur apporterait la délivrance.

Tous ceux qui entendirent les bergers furent étonnés de ce qu'ils leur disaient. Marie gardait le souvenir de tout cela et le méditait dans son cœur.

Puis les bergers repartirent en célébrant la gloire de Dieu et en lui adressant des louanges à cause de tout ce qu'ils avaient entendu et vu et qui était conforme à ce qui leur avait été annoncé.

Huit jours plus tard, ce fut le moment de circoncire l'enfant; on lui donna le nom de Jésus, nom que l'ange avait indiqué avant sa conception.

Luc 2

Des mages[4] venus d'Orient arrivèrent à Jérusalem et dirent: «Où est le roi des Juifs qui vient de naître? En effet, nous avons vu son étoile en Orient et nous sommes venus pour l'adorer.»

Quand le roi Hérode apprit cela, il fut troublé et tout Jérusalem avec lui. Il rassembla tous les chefs des prêtres[5] et spécialistes de la loi que comptait le peuple et leur demanda où le Messie devait naître. Ils lui dirent: «A Bethléhem en Judée, car voici ce qui a été écrit par le prophète: *Et toi, Bethléhem, terre de Juda, tu n'es certes pas la plus petite parmi les principales villes de Juda, car de toi sortira un chef qui prendra soin d'Israël, mon peuple.*»

Alors Hérode fit appeler en secret les mages; il s'informa soigneusement auprès d'eux du moment où l'étoile était apparue, puis il les envoya à Bethléhem en disant: «Allez prendre des informations exactes sur le petit enfant. Quand vous l'aurez trouvé, faites-le-moi savoir, afin que j'aille moi aussi l'adorer.»

Après avoir entendu le roi, ils partirent. L'étoile qu'ils avaient vue en Orient allait devant eux jusqu'au moment où, arrivée au-dessus de l'endroit où était le petit enfant, elle s'arrêta. Quand ils aperçurent l'étoile, ils furent remplis d'une très grande joie. Ils entrèrent dans la maison, virent le petit enfant avec Marie, sa mère, se prosternèrent et l'adorèrent. Ensuite, ils ouvrirent leurs trésors et lui offrirent en cadeau de l'or, de l'encens et de la myrrhe. Puis, aver-

---

4 C'est-à-dire des sages chez les Mèdes, les Perses et les Babyloniens.

5 Ils officiaient dans le temple de Jérusalem.

tis dans un rêve de ne pas retourner vers Hérode, ils regagnèrent leur pays par un autre chemin.

Lorsqu'ils furent partis, un ange du Seigneur apparut dans un rêve à Joseph et dit: «Lève-toi, prends le petit enfant et sa mère, fuis en Egypte et restes-y jusqu'à ce que je te parle, car Hérode va rechercher le petit enfant pour le faire mourir.»

Joseph se leva, prit de nuit le petit enfant et sa mère et se retira en Egypte. Il y resta jusqu'à la mort d'Hérode[6], afin que s'accomplisse ce que le Seigneur avait annoncé par le prophète: *J'ai appelé mon fils à sortir d'Egypte.*

Quand Hérode vit que les mages l'avaient trompé, il se mit dans une grande colère, et il envoya tuer tous les enfants de deux ans et au-dessous qui étaient à Bethléhem et dans tout son territoire, selon la date qu'il s'était fait préciser par les mages.

Matthieu 2

6 Le roi Hérode étant mort en 4 av. J.-C., Jésus est né avant la date officielle de sa naissance, censée marquer le début de l'ère chrétienne! C'est à l'abbé Denys le Petit que l'on doit cette erreur de datation.

3. Le fils de son Père

Après la mort d'Hérode, un ange du Seigneur apparut dans un rêve à Joseph, en Egypte, et dit: «Lève-toi, prends le petit enfant et sa mère et va dans le pays d'Israël, car ceux qui en voulaient à la vie du petit enfant sont morts.»

Joseph se leva, prit le petit enfant et sa mère et alla dans le pays d'Israël. Cependant, quand il apprit qu'Archélaüs régnait sur la Judée à la place de son père Hérode, il eut peur de s'y rendre. Averti dans un rêve, il se retira dans le territoire de la Galilée.

Matthieu 2

Les parents de Jésus allaient chaque année à Jérusalem pour la fête de la Pâque. Lorsqu'il eut 12 ans, ils y montèrent avec lui comme c'était la coutume pour cette fête. Puis, quand la fête fut terminée, ils repartirent, mais l'enfant Jésus resta à Jérusalem sans que sa mère et Joseph s'en aperçoivent. Croyant qu'il était avec leurs compagnons de voyage, ils firent une journée de chemin, tout en le cherchant parmi leurs parents et leurs connaissances. Mais ils ne le trouvèrent pas et ils retournèrent à Jérusalem pour le chercher.

Au bout de trois jours, ils le trouvèrent dans le temple, assis au milieu des maîtres; il les écoutait et les interrogeait. Tous ceux qui l'entendaient étaient stupéfaits de son intelligence et de ses réponses.

Quand ses parents le virent, ils furent frappés d'étonnement, et sa mère lui dit: «Mon enfant, pourquoi as-tu agi ainsi avec nous? Ton père et moi, nous te cherchions avec angoisse.»

Il leur dit: «Pourquoi me cherchiez-vous? Ne saviez-vous pas qu'il faut que je m'occupe des affaires de mon Père[7]?»

Mais ils ne comprirent pas ce qu'il leur disait. Puis il descendit avec eux pour aller à Nazareth et il leur était soumis. Sa mère gardait précieusement toutes ces choses dans son cœur.

Jésus grandissait en sagesse, en taille et en grâce devant Dieu et devant les hommes.

Luc 2

---

7 Jésus parlait de Dieu, par opposition à Joseph qui n'était son père que d'un point de vue légal et social.

II. Un enseignant reconnu

Devenu adulte, le fils de Zacharie et Elisabeth (voir le texte 1), connu aujourd'hui sous le nom de Jean le Baptiste, commence à annoncer la venue du royaume de Dieu et à baptiser ceux qui reconnaissent leur mauvaise manière d'agir et souhaitent marquer leur désir de changer d'attitude.

A l'âge de 30 ans, Jésus demande à être baptisé, lui aussi. Puis il commence un ministère public d'enseignement dans la région de son enfance, la Galilée.

Bon à savoir

La société juive était traversée par divers courants.

- Le parti le plus strict du judaïsme était celui des **pharisiens**. L'interprétation et l'application de la loi de Moïse occupaient une place importante dans leur compréhension de la religion juive, de même que la notion de pureté rituelle et les traditions.
- Les **sadducéens** étaient les membres d'un parti du judaïsme lié aux prêtres et opposé à celui des pharisiens, qui rejetait les traditions orales et n'acceptait que les doctrines figurant dans le texte sacré, et plus particulièrement dans les cinq livres de Moïse.
- Des personnes zélées pour la loi ou les membres d'un parti de patriotes juifs créé afin de résister aux Romains: les **zélotes** étaient l'un ou l'autre.

4. Un sacré état d'Esprit

A cette époque-là, Jésus vint de Nazareth en Galilée, et il fut baptisé par Jean dans le Jourdain. Au moment où il sortait de l'eau, il vit le ciel s'ouvrir et l'Esprit descendre sur lui comme une colombe, et une voix se fit entendre du ciel: «Tu es mon Fils bien-aimé, tu as toute mon approbation.»

Marc 1

Jésus fut emmené par l'Esprit dans le désert pour être tenté par le diable. Après avoir jeûné 40 jours et 40 nuits, il eut faim. Le tentateur s'approcha et lui dit: «Si tu es le Fils de Dieu, ordonne que ces pierres deviennent des pains.»

Jésus répondit: «Il est écrit: *L'homme ne vivra pas de pain seulement, mais de toute parole qui sort de la bouche de Dieu*.»

Le diable le transporta alors dans la ville sainte, le plaça au sommet du temple et lui dit: «Si tu es le Fils de Dieu, jette-toi en bas! En effet, il est écrit: *Il donnera des ordres à ses anges à ton sujet et ils te porteront sur les mains, de peur que ton pied ne heurte une pierre*.»

Jésus lui dit: «Il est aussi écrit: *Tu ne provoqueras pas le Seigneur, ton Dieu*.»

Le diable le transporta encore sur une montagne très élevée, lui montra tous les royaumes du monde et leur gloire et lui dit: «Je te donnerai tout cela, si tu te prosternes pour m'adorer.»

Jésus lui dit alors: «Retire-toi, Satan! En effet, il est écrit: *C'est le Seigneur, ton Dieu, que tu adoreras et c'est lui seul que tu serviras*.»

Alors le diable le laissa. Et voici que des anges s'approchèrent de Jésus et le servirent.

Matthieu 4

Jésus, revêtu de la puissance de l'Esprit, retourna en Galilée, et sa réputation gagna toute la région. Il enseignait dans les synagogues et tous lui rendaient gloire.

Jésus se rendit à Nazareth où il avait été élevé et, conformément à son habitude, il entra dans la synagogue le jour du sabbat. Il se leva pour faire la lecture, et on lui remit le livre du prophète Esaïe. Il le déroula[8] et trouva l'endroit où il était écrit: *L'Esprit du*

---

8 Les anciens manuscrits étaient des rouleaux de papyrus ou de parchemin.

Seigneur est sur moi, parce qu'il m'a consacré par onction pour annoncer la bonne nouvelle aux pauvres; il m'a envoyé pour guérir ceux qui ont le cœur brisé, pour proclamer aux prisonniers la délivrance et aux aveugles le recouvrement de la vue, pour renvoyer libres les opprimés, pour proclamer une année de grâce du Seigneur.

Ensuite, il roula le livre, le remit au serviteur et s'assit. Tous ceux qui se trouvaient dans la synagogue avaient les regards fixés sur lui. Alors il commença à leur dire: «Aujourd'hui cette parole de l'Ecriture, que vous venez d'entendre, est accomplie.»

Il descendit à Capernaüm, ville de la Galilée, et il les enseignait le jour du sabbat. On était frappé par son enseignement, car il parlait avec autorité. Dans la synagogue se trouvait un homme qui avait un esprit démoniaque impur. Il s'écria d'une voix forte: «Ah! Que nous veux-tu, Jésus de Nazareth? Es-tu venu pour nous perdre? Je sais qui tu es: le Saint de Dieu.»

Jésus le menaça en disant: «Tais-toi et sors de cet homme.»

Le démon jeta l'homme au milieu de l'assemblée et sortit de lui sans lui faire aucun mal. Tous furent saisis de frayeur, et ils se disaient les uns aux autres: «Quelle est cette parole? Il commande avec autorité et puissance aux esprits impurs, et ils sortent!» Et sa réputation gagna toute la région.

Au coucher du soleil, tous ceux qui avaient des malades atteints de diverses maladies les lui amenèrent. Il guérit chacun d'eux en posant les mains sur lui. Des démons aussi sortirent de beaucoup de personnes en criant et en disant: «Tu es le Messie, le Fils de Dieu.» Mais il les reprenait sévèrement et ne leur permettait pas de parler, parce qu'ils savaient qu'il était le Messie.

Luc 4

5. Du pardon à la guérison

Un lépreux vint à lui et, se jetant à genoux, lui dit en suppliant: «Si tu le veux, tu peux me rendre pur.»

Rempli de compassion, Jésus tendit la main, le toucha et dit: «Je le veux, sois pur.»

Aussitôt la lèpre le quitta et il fut purifié.

Jésus le renvoya sur-le-champ avec de sévères recommandations; il lui dit: «Fais bien attention de ne rien dire à personne, mais va te montrer au prêtre et présente pour ta purification ce que Moïse a prescrit, afin que cela leur serve de témoignage.»

Jésus revint à Capernaüm. On apprit qu'il était à la maison, et un si grand nombre de personnes se rassemblèrent qu'il n'y avait plus de place, pas même devant la porte. Il leur annonçait la parole.

On vint lui amener un paralysé porté par quatre hommes. Comme ils ne pouvaient pas l'aborder à cause de la foule, ils découvrirent le toit au-dessus de l'endroit où il se tenait et descendirent par cette ouverture le brancard sur lequel le paralysé était couché. Voyant leur foi, Jésus dit au paralysé: «Mon enfant, tes péchés te sont pardonnés.»

Il y avait là quelques spécialistes de la loi qui étaient assis et qui se disaient en eux-mêmes: «Pourquoi cet homme parle-t-il ainsi? Il blasphème. Qui peut pardonner les péchés, si ce n'est Dieu seul?»

Jésus sut aussitôt dans son esprit qu'ils raisonnaient ainsi en eux-mêmes, et il leur dit: «Pourquoi raisonnez-vous ainsi dans vos cœurs? Qu'est-ce qui est le plus facile à dire au paralysé: 'Tes péchés sont pardonnés', ou: 'Lève-toi, prends ton brancard et marche'? Afin que vous sachiez que le Fils de l'homme[9] a sur la terre le pouvoir de pardonner les péchés, je te l'ordonne – dit-il au paralysé –, lève-toi, prends ton brancard et retourne chez toi.»

Aussitôt il se leva, prit son brancard et sortit devant tout le monde, de sorte qu'ils étaient tous très étonnés et célébraient la gloire de Dieu en disant: «Nous n'avons jamais rien vu de pareil.»

Marc 1–2

9 Expression par laquelle Jésus se désignait fréquemment lui-même.

6. Des disciples… et quels disciples!

Un jour, Jésus se trouvait au bord du lac de Génésareth et la foule se pressait autour de lui pour entendre la parole de Dieu. Il vit au bord du lac deux barques; les pêcheurs en étaient descendus pour laver leurs filets. Il monta dans l'une de ces barques, qui appartenait à Simon, et il le pria de s'éloigner un peu du rivage. Puis il s'assit, et de la barque il enseignait la foule.

Quand il eut fini de parler, il dit à Simon: «Avance là où l'eau est profonde et jetez vos filets pour pêcher.»

Simon lui répondit: «Maître, nous avons travaillé toute la nuit sans rien prendre; mais sur ta parole, je jetterai les filets.»

Ils les jetèrent et prirent une grande quantité de poissons, et leurs filets se déchiraient. Ils firent signe à leurs compagnons qui étaient dans l'autre barque de venir les aider. Ils vinrent et remplirent les deux barques, au point qu'elles s'enfonçaient.

Quand il vit cela, Simon Pierre tomba aux genoux de Jésus et dit: «Seigneur, éloigne-toi de moi, parce que je suis un homme pécheur.» En effet, lui et tous ceux qui étaient avec lui étaient remplis de frayeur à cause de la pêche qu'ils avaient faite. Il en allait de même pour Jacques et Jean, les fils de Zébédée, les associés de Simon.

Jésus dit à Simon: «N'aie pas peur, désormais tu seras pêcheur d'hommes.»

Alors ils ramenèrent les barques à terre, laissèrent tout et le suivirent.

Après cela, Jésus sortit et il vit un collecteur d'impôts du nom de Lévi assis au bureau des taxes. Il lui dit: «Suis-moi.» Et laissant tout, il se leva et le suivit.

Lévi lui offrit un grand festin dans sa maison, et beaucoup de collecteurs d'impôts et d'autres personnes étaient à table avec eux. Les pharisiens et leurs spécialistes de la loi murmurèrent et dirent à ses disciples: «Pourquoi mangez-vous et buvez-vous avec les collecteurs d'impôts et les pécheurs?»

Jésus prit la parole et leur dit: «Ce ne sont pas les gens en bonne santé qui ont besoin de médecin, mais les malades. Je ne suis pas venu appeler des justes, mais des pécheurs, à changer d'attitude.»

Quand le jour fut levé, il appela ses disciples et il en choisit parmi eux douze auxquels il donna le nom d'apôtres: Simon, qu'il appela aussi Pierre; André, son frère; Jacques; Jean; Philippe; Barthélémy; Matthieu; Thomas; Jacques, fils d'Alphée; Simon, appelé le zélote; Jude, fils de Jacques; et Judas l'Iscariot[10], celui qui devint un traître.

Luc 5–6

10 C'est-à-dire homme de Karioth, ville de Judée.

7. Eau de vie pour femme assoiffée

Jésus quitta la Judée et retourna en Galilée. Comme il devait traverser la Samarie, il arriva dans une ville de Samarie appelée Sychar. Là se trouvait le puits de Jacob. Jésus, fatigué du voyage, était assis au bord du puits. C'était environ midi.

Une femme de Samarie vint puiser de l'eau. Jésus lui dit: «Donne-moi à boire.» En effet, ses disciples étaient allés à la ville pour acheter de quoi manger.

La femme samaritaine lui dit: «Comment? Toi qui es juif, tu me demandes à boire, à moi qui suis une femme samaritaine?» - Les Juifs, en effet, n'ont pas de relations avec les Samaritains. -

Jésus lui répondit: «Si tu savais quel est le cadeau de Dieu et qui est celui qui te dit: 'Donne-moi à boire', tu lui aurais toi-même demandé à boire et il t'aurait donné de l'eau vive.»

«Seigneur, lui dit la femme, tu n'as rien pour puiser et le puits est profond. D'où aurais-tu donc cette eau vive? Es-tu, toi, plus grand que notre ancêtre Jacob qui nous a donné ce puits et qui a bu de son eau, lui-même, ses fils et ses troupeaux?»

Jésus lui répondit: «Toute personne qui boit de cette eau-ci aura encore soif. En revanche, celui qui boira de l'eau que je lui donnerai n'aura plus jamais soif et l'eau que je lui donnerai deviendra en lui une source d'eau qui jaillira jusque dans la vie éternelle.»

La femme lui dit: «Seigneur, donne-moi cette eau afin que je n'aie plus soif et que je n'aie plus à venir puiser ici.»

«Va appeler ton mari, lui dit Jésus, et reviens ici.»

La femme répondit: «Je n'ai pas de mari.»

Jésus lui dit: «Tu as bien fait de dire: 'Je n'ai pas de mari', car tu as eu cinq maris et l'homme que tu as maintenant n'est pas ton mari. En cela tu as dit la vérité.»

«Seigneur, lui dit la femme, je vois que tu es un prophète. Nos ancêtres ont adoré sur cette montagne et vous dites, vous, que l'endroit où il faut adorer est à Jérusalem.»

«Femme, lui dit Jésus, crois-moi, l'heure vient où ce ne sera ni sur cette montagne ni à Jérusalem que vous adorerez le Père. Vous adorez ce que vous ne connaissez pas; nous, nous adorons ce que nous connaissons, car le salut vient des Juifs. Mais l'heure vient, et elle est déjà là, où les vrais adorateurs adoreront le Père en esprit et en vérité. En effet, ce sont là les adorateurs que recherche le Père. Dieu est Esprit et il faut que ceux qui l'adorent l'adorent en esprit et en vérité.»

La femme lui dit: «Je sais que le Messie doit venir, celui que l'on appelle Christ. Quand il sera venu, il nous annoncera tout.»

Jésus lui dit: «Je le suis, moi qui te parle.»

Là-dessus arrivèrent ses disciples, et ils étaient étonnés de ce qu'il parlait avec une femme. Toutefois, aucun ne dit: «Que lui demandes-tu?» ou: «Pourquoi parles-tu avec elle?» Alors la femme laissa sa cruche, s'en alla dans la ville et dit aux habitants: «Venez voir un homme qui m'a dit tout ce que j'ai fait. Ne serait-il pas le Messie?»

Ils sortirent de la ville et vinrent vers lui.

Beaucoup de Samaritains de cette ville crurent en Jésus à cause des paroles de la femme qui rendait ce témoignage: «Il m'a dit tout ce que j'ai fait.» Ainsi donc, quand ils vinrent le trouver, les Samaritains le prièrent de rester avec eux.

Il resta là deux jours. Un bien plus grand nombre crurent à cause des paroles de Jésus, et ils disaient à la femme: «Ce n'est plus seulement à cause de ce que tu as dit que nous croyons, car nous l'avons entendu nous-mêmes et nous savons qu'il est vraiment le Messie, le Sauveur du monde.»

Jean 4

8. Qui est Jésus? (1)

Après cela, il y eut une fête juive et Jésus monta à Jérusalem. Or à Jérusalem, près de la porte des brebis, il y a une piscine qui s'appelle en hébreu Béthesda et qui a cinq portiques. Là se trouvait un homme infirme depuis 38 ans.

«Lève-toi, lui dit Jésus, prends ton brancard et marche.» Aussitôt cet homme fut guéri; il prit son brancard et se mit à marcher.

Cet homme s'en alla annoncer aux Juifs que c'était Jésus qui l'avait guéri. C'est pourquoi les Juifs poursuivaient Jésus et cherchaient à le faire mourir, parce qu'il avait fait cela le jour du sabbat.

Cependant, Jésus leur répondit: «Mon Père est à l'œuvre jusqu'à présent; moi aussi, je suis à l'œuvre.» Voilà pourquoi les Juifs cherchaient encore plus à le faire mourir: parce que non seulement il violait le sabbat, mais il appelait aussi Dieu son propre Père, se faisant lui-même égal à Dieu.

Jésus reprit donc la parole et leur dit: «En vérité, en vérité, je vous le dis, le Fils ne peut rien faire de lui-même, sinon ce qu'il voit le Père accomplir. Tout ce que le Père fait, le Fils aussi le fait pareillement.

»Le Père ne juge personne, mais il a remis tout jugement au Fils afin que tous honorent le Fils comme ils honorent le Père. Celui qui n'honore pas le Fils n'honore pas le Père qui l'a envoyé. En vérité, en vérité, je vous le dis, celui qui écoute ma parole et qui croit à celui qui m'a envoyé a la vie éternelle; il ne vient pas en jugement, mais il est passé de la mort à la vie.

»Pour ma part, j'ai un témoignage plus grand que celui de Jean: ce sont les œuvres que le Père m'a donné d'accomplir. Ces œuvres mêmes que je fais témoignent à mon sujet que c'est le Père qui m'a envoyé.

»Vous étudiez les Ecritures parce que vous pensez avoir par elles la vie éternelle. Ce sont elles qui rendent témoignage à mon sujet, et vous ne voulez pas venir à moi pour avoir la vie!»

Jean 5

9. Enseignement sur la montagne (1)

Le «sermon sur la montagne» est l'un des discours les plus célèbres de Jésus. Il prône un mode de vie qui exclut le compromis vis-à-vis de nous-mêmes.

Jésus monta sur la montagne. Il s'assit et ses disciples s'approchèrent de lui. Puis il prit la parole pour les enseigner; il dit:

«Heureux ceux qui reconnaissent leur pauvreté spirituelle, car le royaume des cieux leur appartient! Heureux ceux qui pleurent, car ils seront consolés! Heureux ceux qui sont doux, car ils hériteront la terre! Heureux ceux qui ont faim et soif de la justice, car ils seront rassasiés! Heureux ceux qui font preuve de bonté, car on aura de la bonté pour eux! Heureux ceux qui ont le cœur pur, car ils verront Dieu! Heureux ceux qui procurent la paix, car ils seront appelés fils de Dieu! Heureux ceux qui sont persécutés pour la justice, car le royaume des cieux leur appartient! Heureux serez-vous lorsqu'on vous insultera, qu'on vous persécutera et qu'on dira faussement de vous toute sorte de mal à cause de moi. Réjouissez-vous et soyez dans l'allégresse, parce que votre récompense sera grande au ciel. En effet, c'est ainsi qu'on a persécuté les prophètes qui vous ont précédés.

»Je vous le dis, si votre justice ne dépasse pas celle des spécialistes de la loi et des pharisiens, vous n'entrerez pas dans le royaume des cieux.

»Vous avez appris qu'il a été dit aux anciens: '*Tu ne commettras pas de meurtre*; celui qui commet un meurtre mérite de passer en jugement.' Mais moi je vous dis: Tout homme qui se met sans raison en colère contre son frère mérite de passer en jugement; celui qui traite son frère d'imbécile mérite d'être puni par le tribunal, et celui qui le traite de fou mérite d'être puni par le feu de l'enfer.

»Vous avez appris qu'il a été dit: *Tu ne commettras pas d'adultère*. Mais moi je vous dis: Tout homme qui regarde une femme pour la convoiter a déjà commis un adultère avec elle dans son cœur. Si ton œil droit te pousse à mal agir, arrache-le et jette-le loin de toi, car il vaut mieux pour toi subir la perte d'un seul de tes membres que de voir ton corps entier jeté en enfer. Et si ta main droite te pousse à mal agir, coupela et jette-la loin de toi, car il vaut mieux pour toi subir la perte d'un seul de tes membres que de voir ton corps entier jeté en enfer.

»Vous avez appris qu'il a été dit: '*Tu aimeras ton prochain* et tu détesteras ton ennemi.' Mais moi je vous dis: Aimez vos ennemis, bénissez ceux qui vous maudissent, faites du bien à ceux qui vous détestent et priez pour ceux qui vous maltraitent et qui vous persécutent, afin d'être les fils de votre Père céleste. En effet, il fait lever son soleil sur les méchants et sur les bons, et il fait pleuvoir sur les justes et sur les injustes. Si vous aimez ceux qui vous aiment, quelle récompense méritez-vous? Les collecteurs d'impôts n'agissent-ils pas de même? Et si vous saluez seulement vos frères, que faites-vous d'extraordinaire? Les membres des autres peuples n'agissent-ils pas de même?»

Matthieu 5

10. Enseignement sur la montagne (2)

«Gardez-vous bien de faire des dons devant les hommes pour qu'ils vous regardent; sinon, vous n'aurez pas de récompense auprès de votre Père céleste. Donc, lorsque tu fais un don à quelqu'un, ne sonne pas de la trompette devant toi, comme le font les hypocrites dans les synagogues et dans les rues afin de recevoir la gloire qui vient des hommes. Je vous le dis en vérité, ils ont leur récompense. Mais toi, quand tu fais un don, que ta main gauche ne sache pas ce que fait ta droite, afin que ton don se fasse en secret; et ton Père, qui voit dans le secret, te le rendra lui-même ouvertement.

»Lorsque tu pries, ne sois pas comme les hypocrites: ils aiment prier debout dans les synagogues et aux coins des rues pour être vus des hommes. Je vous le dis en vérité, ils ont leur récompense. Mais toi, quand tu pries, entre dans ta chambre, ferme ta porte et prie ton Père qui est là dans le lieu secret; et ton Père, qui voit dans le secret, te le rendra ouvertement.

»En priant, ne multipliez pas les paroles comme les membres des autres peuples: ils s'imaginent en effet qu'à force de paroles ils seront exaucés. Ne les imitez pas, car votre Père sait de quoi vous avez besoin avant que vous le lui demandiez.

»Voici donc comment vous devez prier: 'Notre Père céleste! Que la sainteté de ton nom soit respectée, que ton règne vienne, que ta volonté soit faite sur la terre comme au ciel. Donne-nous aujourd'hui notre pain quotidien; pardonne-nous nos offenses, comme nous aussi nous pardonnons à ceux qui nous ont offensés; ne nous expose pas à la tentation, mais délivre-nous du mal, car c'est à toi qu'appartiennent, dans tous les siècles, le règne, la puissance et la gloire. Amen!'

»Si vous pardonnez aux hommes leurs fautes, votre Père céleste vous pardonnera aussi; mais si vous ne pardonnez pas aux hommes, votre Père ne vous pardonnera pas non plus vos fautes.

»Ne vous amassez pas des trésors sur la terre, où les mites et la rouille détruisent et où les voleurs percent les murs pour voler, mais amassez-vous des trésors dans le ciel, où les mites et la rouille ne détruisent pas et où les voleurs ne peuvent pas percer les murs ni voler! En effet, là où est ton trésor, là aussi sera ton cœur.

»Personne ne peut servir deux maîtres, car ou il détestera le premier et aimera le second, ou il s'attachera au premier et méprisera le second. Vous ne pouvez pas servir Dieu et l'argent. C'est pourquoi je vous dis: Ne vous inquiétez pas de ce que vous mangerez et boirez pour vivre, ni de ce dont vous habillerez votre corps. La vie n'est-elle pas plus que la nourriture et le corps plus que le vêtement?

»Regardez les oiseaux du ciel: ils ne sèment pas et ne moissonnent pas, ils n'amassent rien dans des greniers, et votre Père céleste les nourrit. Ne valez-vous pas beaucoup plus qu'eux? Qui de vous, par ses inquiétudes, peut ajouter un instant à la durée de sa vie? Et pourquoi vous inquiéter au sujet du vêtement? Etudiez comment poussent les plus belles fleurs des champs: elles ne travaillent pas et ne tissent pas; cependant je vous dis que Salomon[11] lui-même, dans toute sa gloire, n'a pas eu d'aussi belles tenues que l'une d'elles. Si Dieu habille ainsi l'herbe des champs, qui existe aujourd'hui et qui demain sera jetée au feu, ne le fera-t-il pas bien plus volontiers pour vous, gens de peu de foi? Ne vous inquiétez donc pas et ne dites pas: 'Que mangerons-nous? Que boirons-nous? Avec quoi nous habillerons-nous?' En effet, tout cela, ce sont les membres des autres peuples qui le recherchent. Or, votre Père céleste sait que vous en avez besoin. Recherchez d'abord le royaume et la justice de Dieu, et tout cela vous sera donné en plus. Ne vous inquiétez donc pas du lendemain, car le lendemain prendra soin de lui-même. A chaque jour suffit sa peine.»

Matthieu 6

11 L'un des plus grands rois d'Israël, fils de David.

11. Enseignement sur la montagne (3)

«Pourquoi vois-tu la paille qui est dans l'œil de ton frère et ne remarques-tu pas la poutre qui est dans ton œil? Ou comment peux-tu dire à ton frère: 'Laisse-moi enlever la paille de ton œil', alors que toi, tu as une poutre dans le tien? Hypocrite, enlève d'abord la poutre de ton œil, et alors tu verras clair pour retirer la paille de l'œil de ton frère.

»Demandez et l'on vous donnera, cherchez et vous trouverez, frappez et l'on vous ouvrira. En effet, toute personne qui demande reçoit, celui qui cherche trouve et l'on ouvre à celui qui frappe. Qui parmi vous donnera une pierre à son fils, s'il lui demande du pain? Ou s'il demande un poisson, lui donnera-t-il un serpent? Si donc, mauvais comme vous l'êtes, vous savez donner de bonnes choses à vos enfants, votre Père céleste donnera d'autant plus volontiers de bonnes choses à ceux qui les lui demandent.

»Tout ce que vous voudriez que les hommes fassent pour vous, vous aussi, faites-le de même pour eux, car c'est ce qu'enseignent la loi et les prophètes[12].

»Entrez par la porte étroite! En effet, large est la porte, spacieux le chemin menant à la perdition, et il y en a beaucoup qui entrent par là, mais étroite est la porte, resserré le chemin menant à la vie, et il y en a peu qui les trouvent.

»Méfiez-vous des prétendus prophètes! Ils viennent à vous en vêtements de brebis, mais au-dedans ce sont des loups voraces. Vous les reconnaîtrez à leurs fruits. Cueille-t-on des raisins sur des ronces ou des figues sur des chardons? Tout bon arbre produit de bons fruits, mais le mauvais arbre produit de mauvais fruits. Un bon arbre ne peut pas porter de mauvais fruits, ni un mauvais arbre porter de bons fruits. Tout arbre qui ne produit pas de bons fruits est coupé et jeté au feu. C'est donc à leurs fruits que vous les reconnaîtrez.

»Ceux qui me disent: 'Seigneur, Seigneur!' n'entreront pas tous dans le royaume des cieux, mais seulement celui qui fait la volonté de mon Père céleste. Beaucoup me diront ce jour-là: 'Seigneur, Seigneur, n'avons-nous pas prophétisé en ton nom? N'avons-

12 C'est-à-dire l'Ancien Testament.

nous pas chassé des démons en ton nom? N'avons-nous pas fait beaucoup de miracles en ton nom?' Alors je leur dirai ouvertement: 'Je ne vous ai jamais connus. *Eloignez-vous de moi, vous qui commettez le mal!*'

»C'est pourquoi, toute personne qui entend ces paroles que je dis et les met en pratique, je la comparerai à un homme prudent qui a construit sa maison sur le rocher. La pluie est tombée, les torrents sont venus, les vents ont soufflé et se sont déchaînés contre cette maison; elle ne s'est pas écroulée, parce qu'elle était fondée sur le rocher. Mais toute personne qui entend ces paroles que je dis et ne les met pas en pratique ressemblera à un fou qui a construit sa maison sur le sable. La pluie est tombée, les torrents sont venus, les vents ont soufflé et se sont abattus sur cette maison; elle s'est écroulée et sa ruine a été grande.»

Quand Jésus eut fini de prononcer ces paroles, les foules restèrent frappées par son enseignement, car il enseignait avec autorité, et non comme leurs spécialistes de la loi.

Matthieu 7

12. Une prostituée face à Jésus

Un pharisien invita Jésus à manger avec lui. Jésus entra dans la maison du pharisien et se mit à table. Une femme pécheresse qui se trouvait dans la ville apprit qu'il était à table dans la maison du pharisien. Elle apporta un vase plein de parfum et se tint derrière, aux pieds de Jésus. Elle pleurait, et bientôt elle lui mouilla les pieds de ses larmes, puis les essuya avec ses cheveux, les embrassa et versa le parfum sur eux.

Quand le pharisien qui avait invité Jésus vit cela, il se dit en lui-même: «Si cet homme était prophète, il saurait qui est celle qui le touche et de quel genre de femme il s'agit, il saurait que c'est une pécheresse.»

Jésus prit la parole et lui dit: «Simon, j'ai quelque chose à te dire.»

«Maître, parle», répondit-il.

«Un créancier avait deux débiteurs: l'un d'eux lui devait 500 pièces d'argent, et l'autre 50. Comme ils n'avaient pas de quoi le rembourser, il leur remit à tous deux leur dette. Lequel des deux l'aimera le plus?»

Simon répondit: «Celui, je pense, auquel il a remis la plus grosse somme.»

Jésus lui dit: «Tu as bien jugé.»

Puis il se tourna vers la femme et dit à Simon: «Tu vois cette femme? Je suis entré dans ta maison et tu ne m'as pas donné d'eau pour me laver les pieds; mais elle, elle les a mouillés de ses larmes et les a essuyés avec ses cheveux. Tu ne m'as pas donné de baiser; mais elle, depuis que je suis entré, elle n'a pas cessé de m'embrasser les pieds. Tu n'as pas versé d'huile sur ma tête; mais elle, elle a versé du parfum sur mes pieds. C'est pourquoi je te le dis, ses nombreux péchés ont été pardonnés, puisqu'elle a beaucoup aimé. Mais celui à qui l'on pardonne peu aime peu.»

Et il dit à la femme: «Tes péchés sont pardonnés.»

Les invités se mirent à dire en eux-mêmes: «Qui est cet homme qui pardonne même les péchés?»

Mais Jésus dit à la femme: «Ta foi t'a sauvée. Pars dans la paix!»

Luc 7

13. Des réactions face à la parole divine

Jésus prit la parole et dit: «Je te suis reconnaissant, Père, Seigneur du ciel et de la terre, de ce que tu as caché ces choses aux sages et aux intelligents et les as révélées aux enfants.

»Venez à moi, vous tous qui êtes fatigués et courbés sous un fardeau, et je vous donnerai du repos. Acceptez mes exigences et laissez-vous instruire par moi, car je suis doux et humble de cœur, et *vous trouverez le repos pour votre âme.* En effet, mes exigences sont bonnes et mon fardeau léger.»

Matthieu 11

Une grande foule se rassembla et des gens vinrent vers lui de diverses villes. Alors il dit cette parabole: «Un semeur sortit pour semer sa semence. Comme il semait, une partie de la semence tomba le long du chemin; elle fut piétinée et les oiseaux du ciel la mangèrent. Une autre partie tomba sur un sol pierreux; quand elle eut poussé, elle sécha, parce qu'elle manquait d'humidité. Une autre partie tomba au milieu des ronces; les ronces poussèrent avec elle et l'étouffèrent. Une autre partie tomba dans la bonne terre; quand elle eut poussé, elle produisit du fruit au centuple.»

Après cela, Jésus dit à haute voix: «Que celui qui a des oreilles pour entendre entende.» Ses disciples lui demandèrent ce que signifiait cette parabole.

«Voici ce que signifie cette parabole: la semence, c'est la parole de Dieu. Ceux qui sont le long du chemin, ce sont ceux qui entendent; puis le diable vient et enlève la parole de leur cœur, de peur qu'ils ne croient et soient sauvés. Ceux qui sont sur le sol pierreux, ce sont ceux qui, lorsqu'ils entendent la parole, l'acceptent avec joie; mais ils n'ont pas de racine, ils croient pour un temps et abandonnent au moment de l'épreuve. Ce qui est tombé parmi les ronces, ce sont ceux qui ont entendu la parole, mais en cours de route ils la laissent étouffer par les préoccupations, les richesses et les plaisirs de la vie, et ils ne parviennent pas à maturité. Ce qui est tombé dans la bonne terre, ce sont ceux qui ont entendu la parole avec un cœur honnête et bon, la retiennent et portent du fruit avec persévérance.»

Luc 8

14. Qui est Jésus? (2)

Jésus monta dans la barque et ses disciples le suivirent. Soudain, il s'éleva sur le lac une si grande tempête que la barque était recouverte par les vagues. Et lui, il dormait. Les disciples s'approchèrent et le réveillèrent en disant: «Seigneur, sauve-nous, nous allons mourir!»

Il leur dit: «Pourquoi êtes-vous si craintifs, hommes de peu de foi?» Alors il se leva, menaça les vents du lac et il y eut un grand calme.

Ces hommes furent très étonnés et dirent: «Quel genre d'homme est-ce? Même les vents et la mer lui obéissent!»

Matthieu 8

Ils abordèrent dans le pays des Gadaréniens, qui est vis-à-vis de la Galilée. Lorsque Jésus fut descendu à terre, un homme de la ville vint à sa rencontre; il avait des démons depuis assez longtemps. Il ne portait pas de vêtement et n'habitait pas dans une maison, mais dans les tombeaux. Quand il vit Jésus, il poussa un cri, se jeta à ses pieds et dit d'une voix forte: «Que me veux-tu, Jésus, Fils du Dieu très-haut? Je t'en supplie, ne me tourmente pas.» Jésus ordonnait en effet à l'esprit impur de sortir de cet homme, car il s'était emparé de lui depuis longtemps. On attachait le démoniaque avec des chaînes et on lui mettait les fers aux pieds pour le garder, mais il rompait les liens et il était entraîné par le démon dans les endroits déserts.

Jésus lui demanda: «Quel est ton nom?»

«Légion», répondit-il, car de nombreux démons étaient entrés en lui. Ils suppliaient Jésus de ne pas leur ordonner d'aller dans l'abîme.

Il y avait là, sur la montagne, un grand troupeau de porcs en train de chercher à manger. Les démons supplièrent Jésus de leur permettre d'entrer dans ces porcs. Il le leur permit. Les démons sortirent de cet homme, entrèrent dans les porcs, et le troupeau se précipita du haut de la falaise dans le lac et se noya.

Quand les gardiens du troupeau virent ce qui était arrivé, ils s'enfuirent et rapportèrent la nouvelle dans la ville et dans les campagnes. Les gens allèrent voir ce qui était arrivé. Ils vinrent vers Jésus et trouvèrent assis à ses pieds l'homme dont les démons étaient sortis; il était habillé et dans son bon sens. Ils furent saisis de frayeur. Ceux qui avaient été témoins de la scène leur racontèrent comment le démoniaque avait été guéri. Alors tous les habitants du pays des Gadaréniens demandèrent à Jésus de s'en aller de chez eux, car ils étaient saisis d'une grande crainte.

Jésus monta dans la barque pour repartir. L'homme dont les démons étaient sortis le priait de le laisser rester avec lui, mais Jésus le renvoya en disant: «Retourne dans ta maison et raconte tout ce que Dieu a fait pour toi.»

Il s'en alla et proclama dans toute la ville tout ce que Jésus avait fait pour lui.

Luc 8

15. Nul n'est prophète en son pays

A son retour, Jésus fut accueilli par la foule, car tous l'attendaient. Voici qu'arriva un homme du nom de Jaïrus; il était chef de la synagogue. Il se jeta à ses pieds et le supplia d'entrer dans sa maison, parce qu'il avait une fille unique d'environ 12 ans qui était mourante. Pendant que Jésus s'y rendait, la foule le serrait de tous côtés.

Or il y avait une femme qui souffrait d'hémorragies depuis 12 ans; elle avait dépensé tout son bien chez les médecins, mais aucun n'avait pu la guérir. Elle s'approcha par-derrière et toucha le bord du vêtement de Jésus. Son hémorragie s'arrêta immédiatement.

Jésus dit: «Qui m'a touché?»

Comme tous s'en défendaient, Pierre et ceux qui étaient avec lui dirent: «Maître, la foule t'entoure et te presse, et tu dis: 'Qui m'a touché?'»

Mais Jésus répondit: «Quelqu'un m'a touché, car j'ai senti qu'une force était sortie de moi.»

Voyant qu'elle n'était pas passée inaperçue, la femme vint toute tremblante se jeter à ses pieds; elle déclara devant tout le peuple pourquoi elle l'avait touché et comment elle avait été immédiatement guérie.

Alors il lui dit: «Ma fille, prends courage, ta foi t'a sauvée. Pars dans la paix!»

Jésus parlait encore quand quelqu'un arriva de chez le chef de la synagogue et lui dit: «Ta fille est morte, ne dérange plus le maître.»

Mais Jésus, qui avait entendu, dit au chef de la synagogue: «N'aie pas peur, crois seulement, et elle sera sauvée.»

Lorsqu'il fut arrivé à la maison, il ne laissa personne entrer avec lui, sauf Pierre, Jean et Jacques, ainsi que le père et la mère de l'enfant. Tous pleuraient et se lamentaient sur elle. Alors Jésus dit: «Ne pleurez pas, car elle n'est pas morte, mais elle dort.»

Ils se moquaient de lui, sachant qu'elle était morte. Mais il les fit tous sortir, prit la jeune fille par la main et dit d'une voix forte: «Mon enfant, lève-toi.»

Son esprit revint en elle et elle se leva immédiatement; Jésus ordonna de lui donner à manger. Les parents de la jeune fille furent remplis d'étonnement; il leur recommanda de ne dire à personne ce qui était arrivé.

Luc 8

Jésus partit de là et se rendit dans sa patrie. Ses disciples le suivirent. Le jour du sabbat, il se mit à enseigner dans la synagogue. Beaucoup de gens l'entendirent; ils étaient étonnés et disaient: «D'où cela lui vient-il? Quelle est cette sagesse qui lui a été donnée? Et comment de tels miracles se font-ils par son intermédiaire? N'est-il pas le charpentier, le fils de Marie, le frère de Jacques, de Joses, de Jude et de Simon? Et ses sœurs ne sont-elles pas ici parmi nous?» Et il représentait un obstacle pour eux.

Mais Jésus leur dit: «Un prophète n'est méprisé que dans sa patrie, parmi ses parents et dans sa famille.»

Il ne put faire là aucun miracle, si ce n'est qu'il guérit quelques malades en posant les mains sur eux. Et il s'étonnait de leur incrédulité.

Marc 6

16. Qui veut du pain?

Après cela, Jésus s'en alla de l'autre côté du lac de Galilée, ou lac de Tibériade. Une grande foule le suivait, parce que les gens voyaient les signes miraculeux qu'il faisait sur les malades. Jésus monta sur la montagne, et là il s'assit avec ses disciples.

Jésus leva les yeux et vit une grande foule venir vers lui. Il dit à Philippe: «Où achèterons-nous des pains pour que ces gens aient à manger?» Il disait cela pour le mettre à l'épreuve, car lui-même savait ce qu'il allait faire.

Philippe lui répondit: «Les pains qu'on aurait pour 200 pièces d'argent ne suffiraient pas pour que chacun en reçoive un peu.»

Un de ses disciples, André, le frère de Simon Pierre, lui dit: «Il y a ici un jeune garçon qui a cinq pains d'orge et deux poissons, mais qu'est-ce que cela pour tant de monde?»

Jésus dit: «Faites asseoir ces gens.»

Il y avait beaucoup d'herbe à cet endroit. Ils s'assirent donc, au nombre d'environ 5000 hommes. Jésus prit les pains, remercia Dieu et les distribua aux disciples, qui les donnèrent à ceux qui étaient là; il leur distribua de même des poissons, autant qu'ils en voulurent.

Lorsqu'ils furent rassasiés, il dit à ses disciples: «Ramassez les morceaux qui restent, afin que rien ne se perde.» Ils les ramassèrent donc et ils remplirent douze paniers avec les morceaux qui restaient des cinq pains d'orge après que tous eurent mangé.

A la vue du signe miraculeux que Jésus avait fait, ces gens disaient: «Cet homme est vraiment le prophète qui doit venir dans le monde.»

Jésus leur répondit: «Travaillez, non pour la nourriture périssable, mais pour celle qui subsiste pour la vie éternelle, celle que le Fils de l'homme vous donnera, car c'est lui que le Père, Dieu lui-même, a marqué de son empreinte.»

Ils lui dirent: «Que devons-nous faire pour accomplir les œuvres de Dieu?»

Jésus leur répondit: «L'œuvre de Dieu, c'est que vous croyiez en celui qu'il a envoyé. C'est moi qui suis le pain de la vie. Celui qui vient à moi n'aura jamais faim et celui qui croit en moi n'aura jamais soif. Mais, je vous l'ai dit, vous m'avez vu et pourtant vous ne croyez pas. Je ne mettrai pas dehors celui qui vient à moi.»

Jean 6

Aussitôt après, Jésus obligea les disciples à monter dans la barque et à le précéder sur l'autre rive pendant qu'il renverrait la foule. Quand il l'eut renvoyée, il monta sur la montagne pour prier à l'écart et, le soir venu, il était là seul.

La barque se trouvait déjà au milieu du lac, battue par les vagues, car le vent était contraire. A la fin de la nuit, Jésus alla vers eux en marchant sur le lac. Quand les disciples le virent marcher sur le lac, ils furent affolés et dirent: «C'est un fantôme!» et, dans leur frayeur, ils poussèrent des cris.

Jésus leur dit aussitôt: «Rassurez-vous, c'est moi. N'ayez pas peur!»

Pierre lui répondit: «Seigneur, si c'est toi, ordonne-moi d'aller vers toi sur l'eau.»

Jésus lui dit: «Viens!»

Pierre sortit de la barque et marcha sur l'eau pour aller vers Jésus, mais, voyant que le vent était fort, il eut peur et, comme il commençait à s'enfoncer, il s'écria: «Seigneur, sauve-moi!»

Aussitôt Jésus tendit la main, l'empoigna et lui dit: «Homme de peu de foi, pourquoi as-tu douté?»

Ils montèrent dans la barque, et le vent tomba. Ceux qui étaient dans la barque vinrent se prosterner devant Jésus en disant: «Tu es vraiment le Fils de Dieu.»

Après avoir traversé le lac, ils arrivèrent dans la région de Génésareth. Les habitants de cet endroit reconnurent Jésus; ils envoyèrent des messagers dans tous les environs et on lui amena tous les malades. Ils le suppliaient de leur permettre seulement de toucher le bord de son vêtement, et tous ceux qui le touchèrent furent guéris.

Matthieu 14

17. La vraie pureté

Des pharisiens et des spécialistes de la loi vinrent de Jérusalem trouver Jésus et dirent: «Pourquoi tes disciples transgressent-ils la tradition des anciens? En effet, ils ne se lavent pas les mains quand ils prennent leur repas.»

Il leur répondit: «Hypocrites, Esaïe a bien prophétisé sur vous, quand il a dit: *Ce peuple prétend s'approcher de moi et m'honore des lèvres, mais son cœur est éloigné de moi. C'est faussement qu'ils m'honorent en donnant des enseignements qui sont des commandements humains.*»

Jésus appela la foule à lui et dit: «Ecoutez-moi et comprenez bien: ce n'est pas ce qui entre dans la bouche qui rend l'homme impur, mais ce qui sort de la bouche. Voilà ce qui rend l'homme impur.»

Alors ses disciples s'approchèrent et lui dirent: «Sais-tu que les pharisiens ont été scandalisés d'entendre ces paroles?»

Il répondit: «Toute plante que n'a pas plantée mon Père céleste sera déracinée. Laissez-les: ce sont des aveugles qui conduisent des aveugles; si un aveugle conduit un aveugle, ils tomberont tous les deux dans un fossé.»

Pierre prit la parole et lui dit: «Explique-nous cette parabole.»

Jésus dit: «Vous aussi, vous êtes encore sans intelligence? Ne comprenez-vous pas encore que tout ce qui entre dans la bouche va dans le ventre, puis est évacué dans les toilettes? Mais ce qui sort de la bouche vient du cœur, et c'est ce qui rend l'homme impur. En effet, c'est du cœur que viennent les mauvaises pensées, les meurtres, les adultères, l'immoralité sexuelle, les vols, les faux témoignages, les calomnies. Voilà ce qui rend l'homme impur; mais manger sans s'être lavé les mains, cela ne rend pas l'homme impur.»

Matthieu 15

Il y avait parmi les pharisiens un homme du nom de Nicodème, un chef des Juifs. Il vint de nuit trouver Jésus et lui dit: «Maître, nous savons que tu es un enseignant envoyé par Dieu, car personne ne peut faire ces signes miraculeux que tu fais si Dieu n'est pas avec lui.»

Jésus lui répondit: «En vérité, en vérité, je te le dis, à moins de naître de nouveau, personne ne peut voir le royaume de Dieu.»

Nicodème lui dit: «Comment un homme peut-il naître quand il est vieux? Peut-il une seconde fois entrer dans le ventre de sa mère et naître?»

Jésus répondit: «En vérité, en vérité, je te le dis, à moins de naître d'eau et d'Esprit, on ne peut entrer dans le royaume de Dieu. Ce qui est né de parents humains est humain et ce qui est né de l'Esprit est Esprit. Ne t'étonne pas que je t'aie dit: 'Il faut que vous naissiez de nouveau.' Le vent souffle où il veut et tu en entends le bruit, mais tu ne sais pas d'où il vient, ni où il va. C'est aussi le cas de toute personne qui est née de l'Esprit.»

Nicodème reprit la parole et lui dit: «Comment cela peut-il se faire?»

Jésus lui répondit: «Tu es l'enseignant d'Israël et tu ne sais pas cela!

»Dieu a tant aimé le monde qu'il a donné son Fils unique afin que quiconque croit en lui ne périsse pas mais ait la vie éternelle. Dieu, en effet, n'a pas envoyé son Fils dans le monde pour juger le monde, mais pour que le monde soit sauvé par lui. Celui qui croit en lui n'est pas jugé, mais celui qui ne croit pas est déjà jugé parce qu'il n'a pas cru au nom du Fils unique de Dieu.»

Jean 3

18. Qui est Jésus? (3)

Un jour, Jésus priait à l'écart et ses disciples étaient avec lui. Il leur posa cette question: «Qui suis-je, d'après les foules?»

Ils répondirent: «D'après les uns, Jean-Baptiste; d'après certains, Elie; d'après d'autres, un des prophètes d'autrefois qui est ressuscité.»

«Et d'après vous, qui suis-je?» leur demanda-t-il.

Pierre répondit: «Le Messie de Dieu.»

Jésus leur recommanda sévèrement de ne le dire à personne. Il ajouta qu'il fallait que le Fils de l'homme souffre beaucoup, qu'il soit rejeté par les anciens, par les chefs des prêtres et par les spécialistes de la loi, qu'il soit mis à mort et qu'il ressuscite le troisième jour.

Puis il dit à tous: «Si quelqu'un veut être mon disciple, qu'il renonce à lui-même, qu'il se charge chaque jour de sa croix et qu'il me suive, car celui qui voudra sauver sa vie la perdra, mais celui qui la perdra à cause de moi la sauvera. Que sert-il à un homme de gagner le monde entier, s'il se perd ou se détruit lui-même? En effet, celui qui aura honte de moi et de mes paroles, le Fils de l'homme aura honte de lui, quand il viendra dans sa gloire et dans celle du Père et des saints anges. Je vous le dis en vérité, quelques-uns de ceux qui sont ici ne mourront pas avant d'avoir vu le royaume de Dieu.»

Environ huit jours après avoir dit ces paroles, Jésus prit avec lui Pierre, Jean et Jacques, et il monta sur la montagne pour prier. Pendant qu'il priait, l'aspect de son visage changea et son vêtement devint d'une blancheur éclatante. Et voici que deux hommes s'entretenaient avec lui: c'étaient Moïse et Elie; apparaissant dans la gloire, ils parlaient de son prochain départ qui allait s'accomplir à Jérusalem. Pierre et ses compagnons étaient accablés de sommeil mais, restés éveillés, ils virent la gloire de Jésus et les deux hommes qui étaient avec lui.

Au moment où ces hommes se séparaient de Jésus, Pierre lui dit: «Maître, il est bon que nous soyons ici. Faisons trois abris: un pour toi, un pour Moïse et un pour Elie.» Il ne savait pas ce qu'il disait. Il parlait encore quand une nuée vint les couvrir; les disciples furent saisis de frayeur en les voyant disparaître dans la nuée. Et de la nuée sortit une voix qui dit: «Celui-ci est mon Fils bien-aimé: écoutez-le!»

Quand la voix se fit entendre, Jésus se retrouva seul. Les disciples gardèrent le silence et, à cette époque-là, ils ne racontèrent rien à personne de ce qu'ils avaient vu.

Luc 9

Ils partirent de là et traversèrent la Galilée. Jésus ne voulait pas qu'on le sache, car il enseignait ses disciples et il leur disait: «Le Fils de l'homme sera livré entre les mains des hommes; ils le feront mourir et, trois jours après avoir été mis à mort, il ressuscitera.» Cependant, les disciples ne comprenaient pas cette parole et ils avaient peur de l'interroger.

Ils arrivèrent à Capernaüm. Lorsqu'il fut dans la maison, Jésus leur demanda: «De quoi discutiez-vous en chemin?»

Mais ils gardèrent le silence, car en chemin ils avaient discuté entre eux pour savoir qui était le plus grand. Alors il s'assit, appela les douze et leur dit: «Si quelqu'un veut être le premier, il sera le dernier de tous et le serviteur de tous.»

Marc 9

III. Opposition en Judée

C'est en Judée et à Jérusalem que Jésus exerce la dernière partie de son ministère public d'enseignant. Il y rencontre essentiellement de l'opposition, en particulier de la part des autorités religieuses. Celles-ci cherchent à lui tendre des pièges afin de pouvoir porter des accusations contre lui.

Bon à savoir

- La **parabole** est une image ou histoire tirée de la vie courante et servant à illustrer une vérité ou un enseignement. Jésus a beaucoup recouru à ce genre littéraire.
- Un conseil juif, présidé par le grand-prêtre, faisait office de gouvernement et de tribunal pour les affaires qui n'étaient pas du ressort des Romains. On l'appelait le **sanhédrin**.

19. Tel est pris qui croyait prendre

Les spécialistes de la loi et les pharisiens amenèrent une femme surprise en train de commettre un adultère. Ils la placèrent au milieu de la foule et dirent à Jésus: «Maître, cette femme a été surprise en flagrant délit d'adultère. Moïse, dans la loi, nous a ordonné de lapider de telles femmes. Et toi, que dis-tu?» Ils disaient cela pour lui tendre un piège, afin de pouvoir l'accuser.

Mais Jésus se baissa et se mit à écrire avec le doigt sur le sol. Comme ils continuaient à l'interroger, il se redressa et leur dit: «Que celui d'entre vous qui est sans péché jette le premier la pierre contre elle.» Puis il se baissa de nouveau et se remit à écrire sur le sol.

Quand ils entendirent cela, accusés par leur conscience ils se retirèrent un à un, à commencer par les plus âgés et jusqu'aux derniers; Jésus resta seul avec la femme qui était là au milieu. Alors il se redressa et, ne voyant plus qu'elle, il lui dit: «Femme, où sont ceux qui t'accusaient? Personne ne t'a donc condamnée?»

Elle répondit: «Personne, Seigneur.»

Jésus lui dit: «Moi non plus, je ne te condamne pas; vas-y et désormais ne pèche plus.»

Jésus leur parla de nouveau. Il dit: «Je suis la lumière du monde. Celui qui me suit ne marchera pas dans les ténèbres, mais il aura au contraire la lumière de la vie.»

Là-dessus, les pharisiens lui dirent: «Tu te rends témoignage à toi-même; ton témoignage n'est pas vrai.»

Il leur dit: «Vous êtes d'en bas; moi, je suis d'en haut. Vous êtes de ce monde; moi, je ne suis pas de ce monde. C'est pourquoi je vous ai dit que vous mourrez dans vos péchés. En effet, si vous ne croyez pas que *moi, je suis*, vous mourrez dans vos péchés.»

«Toi, qui es-tu?» lui dirent-ils.

Jésus leur répondit: «Ce que je vous dis depuis le début.

Comme Jésus disait cela, beaucoup crurent en lui. Alors il dit aux Juifs qui avaient cru en lui: «Si vous demeurez dans ma parole, vous êtes vraiment mes disciples, vous connaîtrez la vérité, et la vérité vous rendra libres.»

Ils lui répondirent: «Nous sommes la descendance d'Abraham et nous n'avons jamais été esclaves de personne. Comment peux-tu dire: 'Vous deviendrez libres'?»

«En vérité, en vérité, je vous le dis, leur répliqua Jésus, toute personne qui commet le péché est esclave du péché. Votre ancêtre Abraham a été rempli de joie à la pensée de voir mon jour; il l'a vu et il s'est réjoui.»

Les Juifs lui dirent: «Tu n'as pas encore 50 ans et tu as vu Abraham!»

Jésus leur dit: «En vérité, en vérité, je vous le dis, avant qu'Abraham soit né, *je suis.*»

Là-dessus, ils prirent des pierres pour les jeter contre lui, mais Jésus se cacha et sortit du temple en passant au milieu d'eux. C'est ainsi qu'il s'en alla.

Jean 8

Un professeur de la loi se leva et dit à Jésus pour le mettre à l'épreuve: «Maître, que dois-je faire pour hériter de la vie éternelle?»

Jésus lui dit: «Qu'est-il écrit dans la loi? Qu'y lis-tu?»

Il répondit: «*Tu aimeras le Seigneur, ton Dieu, de tout ton cœur, de toute ton âme, de toute ta force* et de toute ta pensée, et *ton prochain comme toi-même.*»

«Tu as bien répondu, lui dit Jésus. Fais cela et tu vivras.»

Mais lui, voulant se justifier, dit à Jésus: «Et qui est mon prochain?»

Jésus reprit la parole et dit: «Un homme descendait de Jérusalem à Jéricho. Il tomba entre les mains de brigands qui le dépouillèrent, le rouèrent de coups et s'en allèrent en le laissant à moitié mort. Un prêtre qui, par hasard, descendait par le même chemin vit cet homme et passa à distance. De même aussi un Lévite arriva à cet endroit; il le vit et passa à distance. Mais un Samaritain qui voyageait arriva près de lui et fut rempli de compassion lorsqu'il le vit. Il s'approcha et banda ses plaies en y versant de l'huile et du vin; puis il le mit sur sa propre monture, le conduisit dans une auberge et prit soin de lui. Le lendemain, à son départ, il sortit deux pièces d'argent, les donna à l'aubergiste et dit: 'Prends soin de lui, et ce que tu dépenseras en plus, je te le rendrai à mon retour.' Lequel de ces trois te semble avoir été le prochain de celui qui était tombé au milieu des brigands?»

«C'est celui qui a agi avec bonté envers lui», répondit le professeur de la loi.

Jésus lui dit donc: «Va agir de la même manière, toi aussi.»

Luc 10

20. Il n'y a pas pire aveugle...

Jésus vit, en passant, un homme aveugle de naissance. Ses disciples lui posèrent cette question: «Maître, qui a péché, cet homme ou ses parents, pour qu'il soit né aveugle?»

Jésus répondit: «Ce n'est pas que lui ou ses parents aient péché, mais c'est afin que les œuvres de Dieu soient révélées en lui.»

Après avoir dit cela, il cracha par terre et fit de la boue avec sa salive. Puis il appliqua cette boue sur les yeux de l'aveugle et lui dit: «Va te laver au bassin de Siloé», nom qui signifie «envoyé».

Il y alla donc, se lava et revint voyant clair. Ses voisins et ceux qui l'avaient vu mendier auparavant disaient: «N'est-ce pas celui qui se tenait assis et qui mendiait?» Les uns disaient: «C'est lui.» D'autres disaient: «Non, mais il lui ressemble.» Mais lui affirmait: «C'est bien moi.»

Ils lui dirent donc: «Comment donc tes yeux ont-ils été ouverts?»

Il répondit: «L'homme qu'on appelle Jésus a fait de la boue, l'a appliquée sur mes yeux et m'a dit: 'Va au bassin de Siloé et lave-toi.' J'y suis donc allé, je me suis lavé et j'ai pu voir.»

Ils lui dirent: «Où est cet homme?» Il répondit: «Je ne sais pas.»

Ils menèrent vers les pharisiens l'homme qui avait été aveugle. Or c'était un jour de sabbat que Jésus avait fait de la boue et lui avait ouvert les yeux. A leur tour, les pharisiens lui demandèrent comment il avait pu voir.

Il leur dit: «Il a appliqué de la boue sur mes yeux, je me suis lavé et je vois.»

Là-dessus, quelques-uns des pharisiens disaient: «Cet homme ne vient pas de Dieu, car il ne respecte pas le sabbat», mais d'autres disaient: «Comment un homme pécheur peut-il faire de tels signes miraculeux?» Et il y eut division parmi eux. Ils dirent encore à l'aveugle: «Toi, que dis-tu de lui, puisqu'il t'a ouvert les yeux?»

Il répondit: «C'est un prophète.»

Les Juifs ne voulurent pas croire qu'il avait été aveugle et qu'il voyait désormais, avant d'avoir fait venir ses parents. Ils les interrogèrent en disant:

«Est-ce bien votre fils, que vous dites être né aveugle? Comment donc se fait-il qu'il voie maintenant?»

Ses parents leur répondirent: «Nous savons que c'est bien notre fils et qu'il est né aveugle, mais nous ne savons pas comment il se fait qu'il voie maintenant, ni qui lui a ouvert les yeux. Interrogez-le lui-même, il est assez grand pour parler de ce qui le concerne.» Ses parents dirent cela parce qu'ils avaient peur des chefs juifs. En effet, ceux-ci avaient déjà décidé d'exclure de la synagogue celui qui reconnaîtrait Jésus comme le Messie. Voilà pourquoi ses parents dirent: «Il est assez grand, interrogez-le lui-même.»

Les pharisiens appelèrent une seconde fois l'homme qui avait été aveugle et lui dirent: «Rends gloire à Dieu! Nous savons que cet homme est un pécheur.»

Il répondit: «S'il est un pécheur, je n'en sais rien. Je sais une chose: c'est que j'étais aveugle et maintenant je vois.»

Ils lui dirent de nouveau: «Que t'a-t-il fait? Comment t'a-t-il ouvert les yeux?»

Il leur répondit: «Je vous l'ai déjà dit et vous n'avez pas écouté. Pourquoi voulez-vous l'entendre encore? Voulez-vous aussi devenir ses disciples?»

Ils l'insultèrent et dirent: «C'est toi qui es son disciple. Nous, nous sommes disciples de Moïse. Nous savons que Dieu a parlé à Moïse, mais celui-ci, nous ne savons pas d'où il est.»

Cet homme leur répondit: «Voilà qui est étonnant: vous ne savez pas d'où il est, et pourtant il m'a ouvert les yeux! Nous savons que Dieu n'exauce pas les pécheurs mais qu'en revanche, si quelqu'un l'honore et fait sa volonté, il l'exauce. Jamais encore on n'a entendu dire que quelqu'un ait ouvert les yeux d'un aveugle-né. Si cet homme ne venait pas de Dieu, il ne pourrait rien faire.»

Ils lui répondirent: «Tu es né tout entier dans le péché et tu nous enseignes!» Et ils le chassèrent.

Jésus apprit qu'ils l'avaient chassé. L'ayant rencontré, il lui dit: «Crois-tu au Fils de Dieu?»

Il répondit: «Et qui est-il, Seigneur, afin que je croie en lui?»

«Tu l'as vu, lui dit Jésus, et celui qui te parle, c'est lui.»

Alors il dit: «Je crois, Seigneur.» Et il se prosterna devant lui.

Puis Jésus dit: «Je suis venu dans ce monde pour un jugement, pour que ceux qui ne voient pas voient et pour que ceux qui voient deviennent aveugles.»

Quelques pharisiens qui étaient avec lui entendirent ces paroles et lui dirent: «Nous aussi, sommes-nous aveugles?»

Jésus leur répondit: «Si vous étiez aveugles, vous n'auriez pas de péché. Mais en réalité, vous dites: 'Nous voyons.' Ainsi donc, votre péché reste.»

Jean 9

21. Qui est Jésus? (4)

Jésus leur dit encore: «Le voleur ne vient que pour voler, égorger et détruire; moi, je suis venu afin que les brebis aient la vie et qu'elles l'aient en abondance. Je suis le bon berger. Le bon berger donne sa vie pour ses brebis.»

On célébrait alors à Jérusalem la fête de la dédicace. C'était l'hiver. Jésus marchait dans le temple, sous le portique de Salomon. Les Juifs l'entourèrent et lui dirent: «Jusqu'à quand nous laisseras-tu dans l'incertitude? Si tu es le Messie, dis-le-nous franchement.»

Jésus leur répondit: «Je vous l'ai dit et vous ne croyez pas. Les œuvres que je fais au nom de mon Père témoignent en ma faveur, mais vous ne croyez pas parce que vous ne faites pas partie de mes brebis, comme je vous l'ai dit. Mes brebis écoutent ma voix, je les connais et elles me suivent. Je leur donne la vie éternelle. Elles ne périront jamais et personne ne pourra les arracher à ma main. Mon Père, qui me les a données, est plus grand que tous et personne ne peut les arracher à la main de mon Père. Le Père et moi, nous sommes un.»

Alors les Juifs prirent de nouveau des pierres pour le lapider.

Jésus leur dit: «Je vous ai fait voir beaucoup de belles œuvres qui viennent de mon Père. A cause de laquelle me lapidez-vous?»

Les Juifs lui répondirent: «Ce n'est pas pour une belle œuvre que nous te lapidons, mais pour un blasphème, parce que toi, qui es un être humain, tu te fais Dieu.»

Jean 10

22. A la recherche de l'élément perdu

Tous les collecteurs d'impôts et les pécheurs s'approchaient de Jésus pour l'écouter. Mais les pharisiens et les spécialistes de la loi murmuraient, disant: «Cet homme accueille des pécheurs et mange avec eux.»

Alors il leur dit cette parabole: «Si l'un de vous a 100 brebis et qu'il en perde une, ne laisse-t-il pas les 99 autres dans le désert pour aller à la recherche de celle qui est perdue jusqu'à ce qu'il la retrouve? Lorsqu'il l'a retrouvée, il la met avec joie sur ses épaules et, de retour à la maison, il appelle ses amis et ses voisins et leur dit: 'Réjouissez-vous avec moi, car j'ai retrouvé ma brebis qui était perdue.' De même, je vous le dis, il y aura plus de joie dans le ciel pour un seul pécheur qui se repent que pour 99 justes qui n'ont pas besoin de changer d'attitude.»

Il dit encore: «Un homme avait deux fils. Le plus jeune dit à son père: 'Mon père, donne-moi la part de l'héritage qui doit me revenir.' Le père leur partagea alors ses biens. Peu de jours après, le plus jeune fils ramassa tout et partit pour un pays éloigné, où il gaspilla sa fortune en vivant dans la débauche. Alors qu'il avait tout dépensé, une importante famine survint dans ce pays et il commença à se trouver dans le besoin. Il alla se mettre au service d'un des habitants du pays, qui l'envoya dans ses champs garder les porcs. Il aurait bien voulu se nourrir des caroubes que mangeaient les porcs, mais personne ne lui en donnait. Il se mit à réfléchir et se dit: 'Combien d'ouvriers chez mon père ont du pain en abondance et moi, ici, je meurs de faim! Je vais retourner vers mon père et je lui dirai: Père, j'ai péché contre le ciel et contre toi, je ne suis plus digne d'être appelé ton fils, traite-moi comme l'un de tes ouvriers.'

»Il se leva et alla vers son père. Alors qu'il était encore loin, son père le vit et fut rempli de compassion, il courut se jeter à son cou et l'embrassa. Le fils lui dit: 'Père, j'ai péché contre le ciel et contre toi, je ne suis plus digne d'être appelé ton fils.' Mais le père dit à ses serviteurs: 'Apportez vite le plus beau vêtement et mettez-le-lui; passez-lui un anneau au doigt et mettez-lui des sandales aux pieds. Amenez le veau qu'on a engraissé et tuez-le! Mangeons et réjouissons-nous, car mon fils que voici était mort et il est revenu à la vie, il était perdu et il est retrouvé.' Et ils commencèrent à faire la fête.»

Luc 15

23. Sur la route de Jérusalem

Il dit encore cette parabole, à l'intention de certaines personnes qui étaient convaincues d'être justes et qui méprisaient les autres: «Deux hommes montèrent au temple pour prier; l'un était un pharisien, l'autre un collecteur d'impôts. Le pharisien, debout, faisait cette prière en lui-même: 'O Dieu, je te remercie de ce que je ne suis pas comme les autres hommes, qui sont voleurs, injustes, adultères, ou même comme ce collecteur d'impôts. Je jeûne deux fois par semaine et je donne la dîme de tous mes revenus.' Le collecteur d'impôts, lui, se tenait à distance et n'osait même pas lever les yeux au ciel, mais il se frappait la poitrine en disant: 'O Dieu, aie pitié de moi, qui suis un pécheur.' Je vous le dis, lorsque ce dernier descendit chez lui, il était considéré comme juste, mais pas le pharisien. En effet, toute personne qui s'élève sera abaissée, et celle qui s'abaisse sera élevée.»

Jésus prit les douze avec lui et leur dit: «Nous montons à Jérusalem et tout ce qui a été écrit par les prophètes au sujet du Fils de l'homme va s'accomplir. En effet, il sera livré aux non-Juifs, on se moquera de lui, on l'insultera, on crachera sur lui et, après l'avoir fouetté, on le fera mourir; le troisième jour il ressuscitera.»

Mais les disciples ne comprirent rien à cela: c'était pour eux un langage obscur, des paroles dont ils ne saisissaient pas le sens.

Luc 18

Ils arrivèrent à Jéricho. Lorsque Jésus sortit de la ville avec ses disciples et une assez grande foule, Bartimée, le fils aveugle de Timée, était assis en train de mendier au bord du chemin. Il entendit que c'était Jésus de Nazareth et se mit à crier: «Fils de David[13], Jésus, aie pitié de moi!» Beaucoup le reprenaient pour le faire taire, mais il criait beaucoup plus fort: «Fils de David, aie pitié de moi!»

Jésus s'arrêta et dit: «Appelez-le.»

Ils appelèrent l'aveugle en lui disant: «Prends courage, lève-toi, il t'appelle.» L'aveugle jeta son manteau et, se levant d'un bond, vint vers Jésus.

13 Titre donné au Messie, le Sauveur attendu par les Juifs.

Jésus prit la parole et lui dit: «Que veux-tu que je fasse pour toi?»

«Mon maître, lui répondit l'aveugle, que je retrouve la vue.»

Jésus lui dit: «Vas-y, ta foi t'a sauvé.» Aussitôt il retrouva la vue et il suivit Jésus sur le chemin.

Marc 10

24. Plus fort que la mort

Il y avait un homme malade; c'était Lazare de Béthanie, le village de Marie et de sa sœur Marthe. Les sœurs envoyèrent dire à Jésus: «Seigneur, celui que tu aimes est malade.»

A son arrivée, Jésus trouva que Lazare était depuis quatre jours déjà dans le tombeau. Béthanie était près de Jérusalem, à moins de trois kilomètres, et beaucoup de Juifs étaient venus chez Marthe et Marie pour les consoler de la mort de leur frère.

Lorsque Marthe apprit que Jésus arrivait, elle alla à sa rencontre, tandis que Marie restait assise à la maison. Marthe dit à Jésus: «Seigneur, si tu avais été ici, mon frère ne serait pas mort. Cependant, même maintenant, je sais que tout ce que tu demanderas à Dieu, Dieu te l'accordera.»

Jésus lui dit: «Ton frère ressuscitera.»

«Je sais, lui répondit Marthe, qu'il ressuscitera lors de la résurrection, le dernier jour.»

Jésus lui dit: «C'est moi qui suis la résurrection et la vie. Celui qui croit en moi vivra, même s'il meurt; et toute personne qui vit et croit en moi ne mourra jamais. Crois-tu cela?»

Elle lui dit: «Oui, Seigneur, je crois que tu es le Messie, le Fils de Dieu, qui devait venir dans le monde.»

Après avoir dit cela, elle alla appeler secrètement sa sœur Marie en lui disant: «Le maître est ici et te demande.» A ces mots, Marie se leva sans attendre et alla vers lui. Jésus n'était pas encore entré dans le village, mais il était à l'endroit où Marthe l'avait rencontré. Les Juifs qui étaient avec Marie dans la maison et qui la consolaient la virent se lever soudain et sortir; ils la suivirent en disant: «Elle va au tombeau pour y pleurer.»

Marie arriva à l'endroit où était Jésus. Quand elle le vit, elle tomba à ses pieds et lui dit: «Seigneur, si tu avais été ici, mon frère ne serait pas mort.»

En la voyant pleurer, elle et les Juifs venus avec elle, Jésus fut profondément indigné et bouleversé. Il dit: «Où l'avez-vous mis?»

«Seigneur, lui répondit-on, viens et tu verras.»

Jésus pleura. Les Juifs dirent alors: «Voyez comme il l'aimait!» Et quelques-uns d'entre eux dirent: «Lui qui a ouvert les yeux de l'aveugle, ne pouvait-il pas aussi faire en sorte que cet homme ne meure pas?»

Jésus, de nouveau profondément indigné, se rendit au tombeau. C'était une grotte; une pierre fermait l'entrée. Jésus dit: «Enlevez la pierre.»

Marthe, la sœur du mort, lui dit: «Seigneur, il sent déjà, car il y a quatre jours qu'il est là.»

Jésus lui dit: «Ne t'ai-je pas dit que si tu crois, tu verras la gloire de Dieu?»

Ils enlevèrent donc la pierre de l'endroit où le mort avait été déposé. Jésus leva alors les yeux et dit: «Père, je te remercie de ce que tu m'as écouté. Pour ma part, je savais que tu m'écoutes toujours, mais j'ai parlé à cause de la foule qui m'entoure, afin qu'ils croient que c'est toi qui m'as envoyé.» Après avoir dit cela, il cria d'une voix forte: «Lazare, sors!»

Et le mort sortit, les pieds et les mains attachés par des bandelettes et le visage enveloppé d'un linge. Jésus leur dit: «Détachez-le et laissez-le s'en aller.»

Beaucoup de Juifs qui étaient venus auprès de Marie et qui virent ce que Jésus avait fait crurent en lui. Mais quelques-uns d'entre eux allèrent trouver les pharisiens et leur racontèrent ce que Jésus avait fait.

Alors les chefs des prêtres et les pharisiens rassemblèrent le sanhédrin et dirent: «Qu'allons-nous faire? En effet, cet homme fait beaucoup de signes miraculeux. Si nous le laissons faire, tous croiront en lui et les Romains viendront détruire et notre ville et notre nation.»

Dès ce jour, ils tinrent conseil pour le faire mourir.

Jean 11

25. Entrée triomphale à Jérusalem

Lorsqu'ils approchèrent de Jérusalem et qu'ils furent arrivés à Bethphagé, vers le mont des Oliviers, Jésus envoya deux disciples en leur disant: «Allez au village qui est devant vous; vous y trouverez tout de suite une ânesse attachée et un ânon avec elle; détachez-les et amenez-les-moi. Si quelqu'un vous dit quelque chose, vous répondrez: 'Le Seigneur en a besoin.' Et à l'instant il les laissera aller.»

Or tout ceci arriva afin que s'accomplisse ce que le prophète avait annoncé: *Dites à la fille de Sion: 'Voici ton roi qui vient à toi, plein de douceur et monté sur un âne, sur un ânon, le petit d'une ânesse.'*

Les disciples allèrent faire ce que Jésus leur avait ordonné. Ils amenèrent l'ânesse et l'ânon, mirent leurs vêtements sur eux, et Jésus s'assit dessus.

Une grande foule de gens étendirent leurs vêtements sur le chemin; d'autres coupèrent des branches aux arbres et en jonchèrent la route. Ceux qui précédaient et ceux qui suivaient Jésus criaient: «*Hosanna*[14] au Fils de David! *Béni soit celui qui vient au nom du Seigneur!* Hosanna dans les lieux très hauts!»

Matthieu 21

Quand il approcha de la ville et qu'il la vit, Jésus pleura sur elle et dit: «Si seulement tu avais toi aussi reconnu, aujourd'hui, ce qui peut te donner la paix! Mais maintenant, cela est caché à tes yeux. Des jours viendront pour toi où tes ennemis t'entoureront d'ouvrages fortifiés, t'encercleront et te serreront de tous côtés. Ils te détruiront, toi et tes enfants au milieu de toi, et ils ne laisseront pas en toi pierre sur pierre, parce que tu n'as pas reconnu le moment où tu as été visitée.»

Luc 19

14 Transcription d'une expression signifiant *sauve donc!* et devenue une exclamation de joie ou un cri de bienvenue.

26. La véritable adoration

Jésus entra dans le temple. Il se mit à chasser ceux qui vendaient et qui achetaient dans le temple, et il renversa les tables des changeurs de monnaie et les sièges des vendeurs de pigeons. Il ne laissait personne transporter un objet à travers le temple et il les enseignait en disant: «N'est-il pas écrit: *Mon temple sera appelé une maison de prière pour toutes les nations*? Mais vous, vous en avez fait *une caverne de voleurs*.»

Les chefs des prêtres et les spécialistes de la loi l'entendirent, et ils cherchaient les moyens de le faire mourir; ils le redoutaient en effet, parce que toute la foule était frappée par son enseignement.

Marc 11

Ils se mirent à observer Jésus et ils envoyèrent des hommes qui faisaient semblant d'être des justes pour le prendre au piège de ses propres paroles, afin de le livrer au pouvoir et à l'autorité du gouverneur. Ils lui posèrent cette question: «Maître, nous savons que tu parles et enseignes avec droiture et que tu ne tiens pas compte de l'apparence, mais que tu enseignes le chemin de Dieu en toute vérité. Nous est-il permis, ou non, de payer l'impôt à l'empereur?»

Jésus discerna leur ruse et leur répondit: «Pourquoi me tendez-vous un piège? Montrez-moi une pièce de monnaie. De qui porte-t-elle l'effigie et l'inscription?»

«De l'empereur», répondirent-ils.

Alors il leur dit: «Rendez donc à l'empereur ce qui est à l'empereur et à Dieu ce qui est à Dieu.»

Ils ne purent pas le prendre en défaut dans ce qu'il disait devant le peuple; étonnés de sa réponse, ils gardèrent le silence.

Luc 20

Un des spécialistes de la loi, qui les avait entendus discuter, vit que Jésus avait bien répondu aux sadducéens. Il s'approcha et lui demanda: «Quel est le premier de tous les commandements?»

Jésus répondit: «Voici le premier: *Ecoute, Israël, le Seigneur, notre Dieu, est l'unique Seigneur* et *tu aimeras le Seigneur, ton Dieu, de tout ton cœur, de toute ton âme, de toute ta pensée et de toute ta force*. Voici le deuxième: *Tu aimeras ton prochain comme toi-même.* Il n'y a pas d'autre commandement plus grand que ceux-là.»

Le spécialiste de la loi lui dit: «Bien, maître. Tu as dit avec vérité que *Dieu est unique*, qu'*il n'y en a pas d'autre que lui* et que *l'aimer de tout son cœur, de toute son intelligence, de toute son âme et de toute sa force, et aimer son prochain comme soi-même*, c'est plus que tous les holocaustes et tous les sacrifices.»

Voyant qu'il avait répondu avec intelligence, Jésus lui dit: «Tu n'es pas loin du royaume de Dieu.»

Personne n'osa plus lui poser de questions.

Marc 12

27. Reproches aux chefs religieux

Si Jésus suscitait l'opposition des responsables religieux, c'est notamment parce qu'il ne mâchait pas ses mots en parlant de leur comportement et invitait ses disciples à se méfier d'eux.

«Malheur à vous, spécialistes de la loi et pharisiens hypocrites, parce que vous fermez aux hommes l'accès au royaume des cieux; vous n'y entrez pas vous-mêmes et vous ne laissez pas entrer ceux qui le voudraient.

»Malheur à vous, spécialistes de la loi et pharisiens hypocrites, parce que vous dépouillez les veuves de leurs biens tout en faisant pour l'apparence de longues prières; à cause de cela, vous serez jugés plus sévèrement.

»Malheur à vous, spécialistes de la loi et pharisiens hypocrites, parce que vous versez la dîme de la menthe, de l'aneth et du cumin et que vous laissez ce qu'il y a de plus important dans la loi: la justice, la bonté et la fidélité. C'est cela qu'il fallait pratiquer, sans négliger le reste.

»Malheur à vous, spécialistes de la loi et pharisiens hypocrites, parce que vous nettoyez l'extérieur de la coupe et du plat, alors qu'à l'intérieur ils sont pleins du produit de vos vols et de vos excès. Pharisien aveugle! Nettoie d'abord l'intérieur de la coupe et du plat, afin que l'extérieur aussi devienne pur.

»Malheur à vous, spécialistes de la loi et pharisiens hypocrites, parce que vous ressemblez à des tombeaux blanchis qui paraissent beaux de l'extérieur et qui, à l'intérieur, sont pleins d'ossements de morts et de toutes sortes d'impuretés. Vous de même, de l'extérieur, vous paraissez justes aux hommes, mais à l'intérieur vous êtes pleins d'hypocrisie et d'injustice.»

Matthieu 23

Jésus leva les yeux et vit les riches qui mettaient leurs offrandes dans le tronc. Il vit aussi une pauvre veuve, qui y mettait deux petites pièces. Alors il dit: «Je vous le dis en vérité, cette pauvre veuve a mis plus que tous les autres, car eux tous ont pris de leur superflu pour mettre des offrandes à Dieu dans le tronc, mais elle, elle a mis de son nécessaire, tout ce qu'elle avait pour vivre.»

Luc 21

28. Les signes de la fin du monde

Jésus sortit du temple et, comme il s'en allait, ses disciples s'approchèrent pour lui en faire remarquer les constructions. Mais il leur dit: «Vous voyez tout cela? Je vous le dis en vérité, il ne restera pas ici pierre sur pierre, tout sera détruit.»

Il s'assit sur le mont des Oliviers. Les disciples vinrent en privé lui poser cette question: «Dis-nous, quand cela arrivera-t-il et quel sera le signe de ton retour et de la fin du monde?»

Jésus leur répondit: «Faites bien attention que personne ne vous égare. En effet, beaucoup viendront sous mon nom et diront: 'C'est moi qui suis le Messie', et ils tromperont beaucoup de gens. Vous entendrez parler de guerres et de menaces de guerres: ne vous laissez pas effrayer, car il faut que toutes ces choses arrivent. Cependant, ce ne sera pas encore la fin. *Une nation se dressera contre une nation et un royaume contre un royaume*, et il y aura en divers endroits des famines, des pestes et des tremblements de terre. Tout cela sera le commencement des douleurs. Alors on vous livrera à la persécution et l'on vous fera mourir; vous serez détestés de toutes les nations à cause de mon nom.

»Beaucoup de prétendus prophètes surgiront et ils tromperont beaucoup de gens. A cause de la progression du mal, l'amour du plus grand nombre se refroidira, mais celui qui persévérera jusqu'à la fin sera sauvé. Cette bonne nouvelle du royaume sera proclamée dans le monde entier pour servir de témoignage à toutes les nations. Alors viendra la fin.

»Si quelqu'un vous dit alors: 'Le Messie est ici', ou: 'Il est là', ne le croyez pas, car de prétendus messies et de prétendus prophètes surgiront; ils feront de grands prodiges et des signes miraculeux au point de tromper, si c'était possible, même ceux qui ont été choisis.

»Aussitôt après ces jours de détresse, *le soleil s'obscurcira, la lune ne donnera plus sa lumière, les étoiles tomberont du ciel* et les puissances célestes seront ébranlées. Alors le signe du Fils de l'homme apparaîtra dans le ciel; tous les peuples de la terre se lamenteront et ils verront *le Fils de l'homme venir sur les nuées du ciel* avec beaucoup de puissance et de gloire. Il enverra ses anges avec la trompette retentissante et ils rassembleront ceux qu'il a choisis des quatre coins du monde, d'une extrémité du ciel à l'autre.

»Le ciel et la terre disparaîtront, mais mes paroles ne disparaîtront pas.

»Quant au jour et à l'heure, personne ne les connaît, pas même les anges du ciel, ni même le Fils: mon Père seul les connaît. Ce qui est arrivé à l'époque de Noé arrivera de même au retour du Fils de l'homme. En effet, dans les jours précédant le déluge, les hommes mangeaient et buvaient, se mariaient et mariaient leurs enfants, jusqu'au jour où Noé est entré dans l'arche. Ils ne se sont doutés de rien jusqu'à ce que le déluge vienne et les emporte tous. Il en ira de même au retour du Fils de l'homme.

»Restez donc vigilants, puisque vous ne savez ni le jour ni l'heure où le Fils de l'homme viendra. Ce sera en effet pareil au cas d'un homme qui, partant pour un voyage, appela ses serviteurs et leur remit ses biens. Il donna cinq sacs d'argent à l'un, deux à l'autre et un au troisième, à chacun selon sa capacité, puis il partit aussitôt. Celui qui avait reçu les cinq sacs d'argent s'en alla travailler avec eux et gagna cinq autres sacs d'argent. De même, celui qui avait reçu les deux sacs d'argent en gagna deux autres. Celui qui n'en avait reçu qu'un alla creuser un trou dans la terre et cacha l'argent de son maître. Longtemps après, le maître de ces serviteurs revint et leur fit rendre des comptes. Celui qui avait reçu les cinq sacs d'argent s'approcha, en apporta cinq autres et dit: 'Seigneur, tu m'as remis cinq sacs d'argent. En voici cinq autres que j'ai gagnés.' Son maître lui dit: 'C'est bien, bon et fidèle serviteur; tu as été fidèle en peu de chose, je te confierai beaucoup. Viens partager la joie de ton maître.' Celui qui avait reçu les deux sacs d'argent s'approcha aussi et dit: 'Seigneur, tu m'as remis deux sacs d'argent. En voici deux autres que j'ai gagnés.' Son maître lui dit: 'C'est bien, bon et fidèle serviteur; tu as été fidèle en peu de chose, je te confierai beaucoup. Viens partager la joie de ton maître.' Celui qui n'avait reçu qu'un sac d'argent s'approcha ensuite et dit: 'Seigneur, je savais que tu es un homme dur: tu moissonnes où tu n'as pas semé et tu récoltes où tu n'as pas planté. J'ai eu peur et je suis allé cacher ton sac d'argent dans la terre. Le voici, prends ce qui est à toi.' Son maître lui répondit: 'Serviteur mauvais et paresseux, tu savais que je moissonne où je n'ai pas semé et que je récolte où je n'ai pas planté. Il te fallait donc remettre mon argent aux banquiers et à mon retour j'aurais retiré ce qui est à moi avec un intérêt. Prenez-lui donc le sac d'argent et donnez-le à celui qui a les dix sacs d'argent. En effet, on donnera à celui qui a et il sera dans l'abondance, mais à celui qui n'a pas on enlèvera même ce qu'il a. Quant au serviteur inutile, jetez-le dans les ténèbres extérieures: c'est là qu'il y aura des pleurs et des grincements de dents.

»Lorsque le Fils de l'homme viendra dans sa gloire avec tous les saints anges, il s'assiéra sur son trône de gloire. Toutes les nations seront rassemblées devant lui. Il séparera les uns des autres, comme le berger sépare les brebis des boucs; il mettra les brebis à sa droite et les boucs à sa gauche. Alors le roi dira à ceux qui seront à sa droite: 'Venez, vous qui êtes bénis par mon Père, prenez possession du royaume qui vous a été préparé dès la création du monde! Ensuite il dira à ceux qui seront à sa gauche: Eloignez-vous de moi, maudits, allez dans le feu éternel qui a été préparé pour le diable et pour ses anges! Et ils iront à la peine éternelle, tandis que les justes iront à la vie éternelle.»

Matthieu 24–25

IV. L'acte final?

C'est à l'approche de la fête de la Pâque juive que les événements se précipitent. Jésus se trouve à Jérusalem avec ses disciples.

A cette époque, la Judée est directement administrée par les Romains, et les Juifs ont des droits limités en ce qui concerne l'exercice de la justice. Pour obtenir une condamnation à mort, ils doivent passer par le gouverneur romain. C'est ce qui va se passer pour Jésus.

Bon à savoir

- La **Pâque** est une fête instituée pour les Israélites lorsqu'ils ont quitté l'Egypte où ils étaient esclaves, à l'époque de Moïse. Ils ont mis du sang d'un agneau sur les linteaux des portes et ont mangé sa chair. Un ange exterminateur est passé par-dessus les Israélites sans leur faire de mal, alors que les premiers-nés des Egyptiens ont été frappés à mort.
- Un grand nombre de Juifs se rendaient à Jérusalem, à l'occasion de la célébration de cette fête.
- La Pâque était immédiatement suivie de la fête des **pains sans levain**, qui durait une semaine.
- Jésus a été présenté par les chrétiens comme l'Agneau de la Pâque.

29. Dernier repas avec les disciples

L'un des douze, appelé Judas l'Iscariot, alla vers les chefs des prêtres et dit: «Que voulez-vous me donner pour que je vous livre Jésus?» Ils lui payèrent 30 pièces d'argent. Dès ce moment, il se mit à chercher une occasion favorable pour trahir Jésus.

Le premier jour des pains sans levain, les disciples s'adressèrent à Jésus pour lui dire: «Où veux-tu que nous te préparions le repas de la Pâque?»

Il répondit: «Allez à la ville chez un tel et vous lui direz: 'Le maître dit: Mon heure est proche. Je célébrerai la Pâque chez toi avec mes disciples.'»

Les disciples firent ce que Jésus leur avait ordonné et préparèrent la Pâque.

Le soir venu, il se mit à table avec les douze. Pendant qu'ils mangeaient, il dit: «Je vous le dis en vérité, l'un de vous me trahira.»

Ils furent profondément attristés et chacun se mit à lui dire: «Est-ce moi, Seigneur?»

Il répondit: «Celui qui a mis la main dans le plat avec moi, c'est celui qui me trahira. Le Fils de l'homme s'en va, conformément à ce qui est écrit à son sujet, mais malheur à l'homme par qui le Fils de l'homme est trahi! Mieux vaudrait pour cet homme qu'il ne soit pas né.»

Judas, celui qui le trahissait, prit la parole et dit: «Est-ce moi, maître?»

Jésus lui répondit: «Tu le dis.»

Matthieu 26

Ensuite il prit du pain et, après avoir remercié Dieu, il le rompit et le leur donna en disant: «Ceci est mon corps qui est donné pour vous. Faites ceci en souvenir de moi.»

Après le souper il prit de même la coupe et la leur donna en disant: «Cette coupe est la nouvelle alliance en mon sang qui est versé pour vous.»

Luc 22

Lorsque Judas fut sorti, Jésus dit: «Je vous donne un commandement nouveau: Aimez-vous les uns les autres. Comme je vous ai aimés, vous aussi, aimez-vous les uns les autres. C'est à cela que tous reconnaîtront que vous êtes mes disciples: si vous avez de l'amour les uns pour les autres.

»Que votre cœur ne se trouble pas! Croyez en Dieu, croyez aussi en moi. Il y a beaucoup de demeures dans la maison de mon Père. Si ce n'était pas le cas, je vous l'aurais dit. Je vais vous préparer une place. Et puisque je vais vous préparer une place, je reviendrai et je vous prendrai avec moi afin que, là où je suis, vous y soyez aussi. Vous savez où je vais et vous en savez le chemin.»

Thomas lui dit: «Seigneur, nous ne savons pas où tu vas. Comment pouvons-nous en savoir le chemin?»

Jésus lui dit: «C'est moi qui suis le chemin, la vérité et la vie. On ne vient au Père qu'en passant par moi. Si vous me connaissiez, vous connaîtriez aussi mon Père. Et dès maintenant vous le connaissez et vous l'avez vu.»

Philippe lui dit: «Seigneur, montre-nous le Père, et cela nous suffit.»

Jésus lui dit: «Il y a si longtemps que je suis avec vous et tu ne me connais pas, Philippe! Celui qui m'a vu a vu le Père. Comment peux-tu dire: 'Montre-nous le Père'? Ne crois-tu pas que je suis dans le Père et que le Père est en moi? Les paroles que je vous dis, je ne les dis pas de moi-même; c'est le Père qui vit en moi qui fait lui-même ces œuvres. Croyez-moi: je suis dans le Père et le Père est en moi. Sinon, croyez-moi au moins à cause de ces œuvres!

»Si vous demeurez en moi et que mes paroles demeurent en vous, vous demanderez ce que vous voudrez et cela vous sera accordé. Si vous gardez mes commandements, vous demeurerez dans mon amour, de même que j'ai gardé les commandements de mon Père et que je demeure dans son amour. Il n'y a pas de plus grand amour que de donner votre vie pour vos amis.

»Si le monde vous déteste, sachez qu'il m'a détesté avant vous. Je vous ai dit cela afin que vous ne trébuchiez pas. On vous exclura des synagogues, et même l'heure vient où tous ceux qui vous feront mourir croiront offrir un culte à Dieu.

»J'ai encore beaucoup de choses à vous dire, mais vous ne pouvez pas les supporter maintenant. Quand le défenseur sera venu, l'Esprit de la vérité, il vous conduira dans toute la vérité, car il ne parlera pas de lui-même, mais il dira tout ce qu'il aura entendu et vous annoncera les choses à venir. Il révélera ma gloire parce qu'il prendra de ce qui est à moi et vous l'annoncera.

»Ce jour-là, vous ne m'interrogerez plus sur rien. En vérité, en vérité, je vous le dis, tout ce que vous demanderez au Père en mon nom, il vous le donnera. Jusqu'à présent, vous n'avez rien demandé en mon nom. Demandez et vous recevrez, afin que votre joie soit complète.

»Je suis sorti du Père et je suis venu dans le monde; maintenant je quitte le monde et je retourne vers le Père.»

Après ces paroles, Jésus leva les yeux vers le ciel et dit: «Père, l'heure est venue! Révèle la gloire de ton Fils afin que ton Fils aussi révèle ta gloire. Tu lui as donné pouvoir sur tout être humain, afin qu'il accorde la vie éternelle à tous ceux que tu lui as donnés. Or, la vie éternelle, c'est qu'ils te connaissent, toi, le seul vrai Dieu, et celui que tu as envoyé, Jésus-Christ. J'ai révélé ta gloire sur la terre, j'ai terminé ce que tu m'avais donné à faire. Maintenant, Père, révèle toi-même ma gloire auprès de toi en me donnant la gloire que j'avais auprès de toi avant que le monde existe.»

Jean 13–17

30. Trahi et arrêté

Après avoir chanté les psaumes, ils se rendirent au mont des Oliviers. Alors Jésus leur dit: «Vous trébucherez tous, cette nuit, à cause de moi, car il est écrit: *Je frapperai le berger et les brebis du troupeau seront dispersées.* Mais, après ma résurrection, je vous précéderai en Galilée.»

Pierre prit la parole et lui dit: «Même si tous trébuchent à cause de toi, ce ne sera jamais mon cas.»

Jésus lui dit: «Je te le dis en vérité, cette nuit même, avant que le coq chante, trois fois tu me renieras.»

Pierre lui répondit: «Même s'il me faut mourir avec toi, je ne te renierai pas.» Et tous les disciples dirent la même chose.

Ils se rendirent ensuite dans un endroit appelé Gethsémané, et Jésus dit à ses disciples: «Asseyez-vous ici pendant que je prierai.»

Il prit avec lui Pierre, Jacques et Jean, et il commença à être saisi de frayeur et d'angoisse. Il leur dit: «Mon âme est triste à en mourir; restez ici, éveillés.»

Puis il avança de quelques pas, se jeta contre terre et pria que, si cela était possible, cette heure s'éloigne de lui. Il disait: «Abba, Père, tout t'est possible. Eloigne de moi cette coupe! Toutefois, non pas ce que je veux, mais ce que tu veux.»

Alors un ange lui apparut du ciel pour le fortifier. Saisi d'angoisse, Jésus priait avec plus d'insistance, et sa sueur devint comme des caillots de sang qui tombaient par terre.

Après avoir prié, il se releva et vint vers les disciples, qu'il trouva endormis de tristesse. Alors il leur dit: «Pourquoi dormez-vous? Levez-vous et priez pour ne pas céder à la tentation.»

Il parlait encore quand soudain arriva Judas, l'un des douze, avec une foule armée d'épées et de bâtons envoyée par les chefs des prêtres, par les spécialistes de la loi et par les anciens.

Jésus dit à la foule: «Vous êtes venus vous emparer de moi avec des épées et des bâtons, comme pour un brigand. J'étais tous les jours assis parmi vous, enseignant dans le temple, et vous ne m'avez pas arrêté. Mais tout cela est arrivé afin que les écrits des prophètes soient accomplis.»

Matthieu 26; Marc 14; Luc 22

31. Procès devant les autorités juives

Ils emmenèrent Jésus chez le grand-prêtre, où se rassemblèrent tous les chefs des prêtres, les anciens et les spécialistes de la loi. Pierre le suivit de loin jusqu'à l'intérieur de la cour du grand-prêtre; il s'assit avec les serviteurs et il se chauffait près du feu.

Les chefs des prêtres et tout le sanhédrin cherchaient un témoignage contre Jésus pour le faire mourir, et ils n'en trouvaient pas. Beaucoup rendaient en effet de faux témoignages contre lui, mais les témoignages n'étaient pas concordants. Quelques-uns se levèrent et portèrent un faux témoignage contre lui en disant: «Nous l'avons entendu dire: 'Je détruirai ce temple fait par la main de l'homme, et en trois jours j'en construirai un autre qui ne sera pas fait de main d'homme.'» Même sur ce point-là, leurs témoignages ne concordaient pas.

Alors le grand-prêtre se leva au milieu de l'assemblée et interrogea Jésus en disant: «Ne réponds-tu rien? Pourquoi ces gens témoignent-ils contre toi?»

Mais Jésus gardait le silence et ne répondit rien.

Le grand-prêtre l'interrogea de nouveau et lui dit: «Es-tu le Messie, le Fils du Dieu béni?»

Jésus répondit: «Je le suis. Et vous verrez *le Fils de l'homme assis à la droite du Tout-Puissant et venant sur les nuées du ciel.*»

Alors le grand-prêtre déchira ses vêtements et dit: «Qu'avons-nous encore besoin de témoins? Vous avez entendu le blasphème. Qu'en pensez-vous?»

Tous le condamnèrent, déclarant qu'il méritait la mort. Quelques-uns se mirent à cracher sur lui, à lui mettre un voile sur le visage et à le frapper à coups de poing en lui disant: «Devine!» Même les serviteurs le frappaient en lui donnant des gifles.

Marc 14

Or Pierre était assis dehors dans la cour. Une servante s'approcha de lui et dit: «Toi aussi, tu étais avec Jésus le Galiléen.»

Mais il le nia devant tous en disant: «Je ne sais pas ce que tu veux dire.»

Comme il se dirigeait vers la porte, une autre servante le vit et dit à ceux qui se trouvaient là: «Cet homme aussi était avec Jésus de Nazareth.»

Il le nia de nouveau, avec serment: «Je ne connais pas cet homme.»

Peu après, ceux qui étaient là s'approchèrent et dirent à Pierre: «Certainement, toi aussi tu fais partie de ces gens-là, car ton langage te fait reconnaître.»

Alors il se mit à jurer en lançant des malédictions: «Je ne connais pas cet homme.»

Aussitôt un coq chanta. Pierre se souvint alors de ce que Jésus lui avait dit: «Avant que le coq chante, tu me renieras trois fois.» Il sortit et pleura amèrement.

Matthieu 26

32. Procès devant les autorités romaines

Le matin venu, tous les chefs des prêtres et les anciens du peuple tinrent conseil contre Jésus pour le faire mourir. Après l'avoir attaché, ils l'emmenèrent et le livrèrent à Ponce Pilate, le gouverneur.

Pilate sortit à leur rencontre et dit: «De quoi accusez-vous cet homme?»

Ils se mirent à l'accuser, disant: «Nous avons trouvé cet homme qui sème le désordre dans notre nation; il empêche de payer les impôts à l'empereur et se présente lui-même comme le Messie, le roi.»

Pilate rentra dans le prétoire, appela Jésus et lui dit: «Es-tu le roi des Juifs?»

Jésus lui répondit: «Est-ce de toi-même que tu dis cela ou d'autres te l'ont-ils dit de moi?»

Pilate répondit: «Suis-je un Juif, moi? Ta nation et les chefs des prêtres t'ont livré à moi. Qu'as-tu fait?»

Jésus répondit: «Mon royaume n'est pas de ce monde. Si mon royaume était de ce monde, mes serviteurs auraient combattu pour moi afin que je ne sois pas livré aux Juifs; mais en réalité, mon royaume n'est pas d'ici-bas.»

Pilate lui dit: «Tu es donc roi?»

Jésus répondit: «Tu le dis, je suis roi. Si je suis né et si je suis venu dans le monde, c'est pour rendre témoignage à la vérité. Toute personne qui est de la vérité écoute ma voix.»

Pilate lui répliqua: «Qu'est-ce que la vérité?»

Sur ces mots, il sortit de nouveau à la rencontre des Juifs et leur dit: «Pour ma part, je ne trouve en lui aucun motif de le condamner.

Mais ils insistèrent en disant: «Il excite le peuple à la révolte en enseignant dans toute la Judée, depuis la Galilée où il a commencé et jusqu'ici.»

A chaque fête, le gouverneur avait pour habitude de relâcher un prisonnier, celui que la foule voulait. Ils avaient alors un prisonnier célèbre, un dénommé Barabbas. Comme ils étaient rassemblés, Pilate leur dit: «Lequel voulez-vous que je vous relâche: Barabbas ou Jésus qu'on appelle le Christ?» En effet, il savait que c'était par jalousie qu'ils avaient fait arrêter Jésus. Pendant qu'il siégeait au tribunal, sa femme lui fit dire: «N'aie rien à faire avec ce juste, car aujourd'hui j'ai beaucoup souffert dans un rêve à cause de lui.»

Les chefs des prêtres et les anciens persuadèrent la foule de demander Barabbas et de faire mourir Jésus.

Le gouverneur prit la parole et leur dit: «Lequel des deux voulez-vous que je vous relâche?»

Ils répondirent: «Barabbas.» Cet homme avait été mis en prison pour une émeute qui avait eu lieu dans la ville et pour un meurtre.

Pilate répliqua: «Que ferai-je donc de Jésus qu'on appelle le Christ?»

Tous répondirent: «Qu'il soit crucifié!»

«Mais quel mal a-t-il fait?» dit le gouverneur.

Ils crièrent encore plus fort: «Qu'il soit crucifié!»

Alors Pilate ordonna de prendre Jésus et de le fouetter. Les soldats tressèrent une couronne d'épines qu'ils posèrent sur sa tête et lui mirent un manteau de couleur pourpre. Puis, s'approchant de lui ils disaient: «Salut, roi des Juifs!» et ils lui donnaient des gifles.

Pilate sortit de nouveau et dit aux Juifs: «Voilà, je vous l'amène dehors afin que vous sachiez que je ne trouve en lui aucun motif de le condamner.»

Jésus sortit donc, portant la couronne d'épines et le manteau de couleur pourpre. Pilate leur dit: «Voici l'homme.»

Les Juifs lui répondirent: «Nous avons une loi et, d'après notre loi, il doit mourir parce qu'il s'est fait Fils de Dieu.»

Quand il entendit cette parole, Pilate eut très peur. Il rentra dans le prétoire et dit à Jésus: «D'où es-tu?» mais Jésus ne lui donna aucune réponse. Pilate lui dit: «C'est à moi que tu refuses de parler? Ne sais-tu pas que j'ai le pouvoir de te relâcher et que j'ai le pouvoir de te crucifier?»

Jésus répondit: «Tu n'aurais aucun pouvoir sur moi s'il ne t'avait pas été donné d'en haut. C'est pourquoi celui qui me livre à toi est coupable d'un plus grand péché.»

Dès ce moment-là, Pilate chercha à le relâcher, mais les Juifs criaient: «Si tu le relâches, tu n'es pas l'ami de l'empereur. Tout homme qui se fait roi se déclare contre l'empereur.»

Voyant qu'il ne gagnait rien mais que le tumulte augmentait, Pilate prit de l'eau, se lava les mains en présence de la foule et dit: «Je suis innocent du sang de ce juste. C'est vous que cela regarde.»

Matthieu 27; Jean 18–19; Luc 23

33. Mort sur une croix

Alors Judas, celui qui l'avait trahi, voyant qu'il était condamné, fut pris de remords et rapporta les 30 pièces d'argent aux chefs des prêtres et aux anciens en disant: «J'ai péché en faisant arrêter un innocent.»

Ils répondirent: «En quoi cela nous concerne-t-il? C'est toi que cela regarde.»

Judas jeta les pièces d'argent dans le temple, se retira et alla se pendre.

Les soldats conduisirent Jésus à l'intérieur de la cour, c'est-à-dire dans le prétoire, et ils rassemblèrent toute la troupe.

Puis ils se mirent à le saluer: «Salut, roi des Juifs!» Ils lui frappaient la tête avec un roseau, crachaient sur lui et se mettaient à genoux pour se prosterner devant lui.

Après s'être ainsi moqués de lui, ils lui enlevèrent l'habit pourpre, lui remirent ses vêtements et l'emmenèrent pour le crucifier.

Lorsqu'ils furent arrivés à l'endroit appelé «le Crâne», ils le crucifièrent là ainsi que les deux malfaiteurs, l'un à droite, l'autre à gauche.

Jésus dit: «Père, pardonne-leur, car ils ne savent pas ce qu'ils font.»

Ils se partagèrent ses vêtements en tirant au sort.

Les passants l'insultaient et secouaient la tête en disant: «Toi qui détruis le temple et qui le reconstruis en trois jours, sauve-toi toi-même! Si tu es le Fils de Dieu, descends de la croix!»

Les chefs des prêtres, avec les spécialistes de la loi et les anciens, se moquaient aussi de lui et disaient: «Il en a sauvé d'autres et il ne peut pas se sauver lui-même! S'il est roi d'Israël, qu'il descende maintenant de la croix et nous croirons en lui. *Il s'est confié en Dieu; que Dieu le délivre maintenant, s'il l'aime!* En effet, il a dit: 'Je suis le Fils de Dieu.'»

L'un des malfaiteurs crucifiés avec lui l'insultait en disant: «Si tu es le Messie, sauve-toi toi-même, et nous avec toi!»

Mais l'autre le reprenait et disait: «N'as-tu aucune crainte de Dieu, toi qui subis la même condamnation? Pour nous, ce n'est que justice, puisque nous recevons ce qu'ont mérité nos actes, mais celui-ci n'a rien fait de mal.» Et il dit à Jésus: «Seigneur, souviens-toi de moi quand tu viendras régner.»

Jésus lui répondit: «Je te le dis en vérité, aujourd'hui tu seras avec moi dans le paradis.»

C'était déjà presque midi, et il y eut des ténèbres sur tout le pays jusqu'à trois heures de l'après-midi.

Vers trois heures de l'après-midi, Jésus s'écria d'une voix forte: *«Eli, Eli, lama sabachthani?»* – c'est-à-dire: *Mon Dieu, mon Dieu, pourquoi m'as-tu abandonné?*

Aussitôt l'un d'eux courut prendre une éponge qu'il imbiba de vinaigre; il la fixa à un roseau et lui donna à boire.

Quand Jésus eut pris le vinaigre, il dit: «Tout est accompli.»

Jésus s'écria d'une voix forte: «Père, *je remets mon esprit entre tes mains.»*

Après avoir dit ces paroles, il expira.

Et voici que le voile du temple[15] se déchira en deux depuis le haut jusqu'en bas, la terre trembla, les rochers se fendirent.

Tous ceux qui connaissaient Jésus, et en particulier les femmes qui l'avaient accompagné depuis la Galilée, étaient restés à distance et regardaient ce qui se passait.

Matthieu 27; Marc 15; Luc 23; Jean 19

15 Dans le temple de Jérusalem, un voile séparait le lieu saint du lieu très saint, accessible seulement au grand-prêtre, et ce une fois par an.

34. Deux précautions valent mieux qu'une

Le soir venu arriva un homme riche d'Arimathée, du nom de Joseph, qui lui aussi était un disciple de Jésus. Il alla trouver Pilate et demanda le corps de Jésus.

Pilate s'étonna qu'il soit déjà mort; il fit venir l'officier et lui demanda si Jésus était mort depuis longtemps. Une fois renseigné par l'officier, il fit remettre le corps à Joseph.

Joseph prit le corps, l'enveloppa dans un drap de lin pur et le déposa dans un tombeau neuf qu'il s'était fait creuser dans la roche. Puis il roula une grande pierre à l'entrée du tombeau et s'en alla.

Des femmes qui étaient venues de la Galilée avec Jésus accompagnèrent Joseph. Elles virent le tombeau et la manière dont le corps de Jésus y fut déposé.

Le lendemain, qui était le jour après la préparation du sabbat, les chefs des prêtres et les pharisiens allèrent ensemble chez Pilate et dirent: «Seigneur, nous nous souvenons que cet imposteur a dit, quand il vivait encore: 'Après trois jours je ressusciterai.' Ordonne donc que le tombeau soit gardé jusqu'au troisième jour, afin que ses disciples ne viennent pas voler le corps et dire au peuple: 'Il est ressuscité.' Cette dernière imposture serait pire que la première.»

Pilate leur dit: «Vous avez une garde. Allez-y, gardez-le comme vous le souhaitez!»

Ils s'en allèrent et firent surveiller le tombeau par la garde après avoir scellé la pierre.

Matthieu 27; Marc 15; Luc 23

35. Vraie ou fausse rumeur?

Soudain, il y eut un grand tremblement de terre, car un ange du Seigneur descendit du ciel, vint rouler la pierre de devant l'ouverture et s'assit dessus. Il avait l'aspect de l'éclair et son vêtement était blanc comme la neige.

Les gardes tremblèrent de peur et devinrent comme morts.

Quelques hommes de la garde entrèrent dans la ville et annoncèrent aux chefs des prêtres tout ce qui était arrivé. Après s'être réunis avec les anciens pour tenir conseil, ceux-ci donnèrent une forte somme d'argent aux soldats avec cette consigne: «Dites que ses disciples sont venus de nuit voler le corps pendant que vous dormiez. Et si le gouverneur l'apprend, nous l'apaiserons et nous ferons en sorte que vous n'ayez pas d'ennuis.»

Les soldats prirent l'argent et se conformèrent aux instructions reçues. Et ce récit des événements s'est propagé parmi les Juifs jusqu'à aujourd'hui.

Lorsque le sabbat fut passé, Marie de Magdala, Marie la mère de Jacques et Salomé achetèrent des aromates afin d'aller embaumer Jésus. Le dimanche, elles se rendirent au tombeau de grand matin, au lever du soleil. Elles se disaient entre elles: «Qui nous roulera la pierre qui ferme l'entrée du tombeau?» Mais quand elles levèrent les yeux, elles s'aperçurent que la pierre, qui était très grande, avait été roulée.

Elles pénétrèrent dans le tombeau, virent un jeune homme assis à droite, habillé d'une robe blanche, et elles furent épouvantées. Il leur dit: «N'ayez pas peur. Vous cherchez Jésus de Nazareth, celui qui a été crucifié. Il est ressuscité, il n'est pas ici! Voici l'endroit où on l'avait déposé. Mais allez dire à ses disciples et à Pierre qu'il vous précède en Galilée: c'est là que vous le verrez, comme il vous l'a dit.»

A leur retour du tombeau, elles annoncèrent tout cela aux onze et à tous les autres. Mais ils prirent leurs discours pour des absurdités, ils ne crurent pas ces femmes. Cependant, Pierre se leva et courut au tombeau. Il se baissa et ne vit que les bandelettes qui étaient par terre; puis il s'en alla chez lui, tout étonné de ce qui était arrivé.

Matthieu 28; Marc 16; Luc 24

36. Des apparitions surprenantes

Le soir de ce même dimanche, les portes de la maison où les disciples se trouvaient rassemblés étaient fermées car ils avaient peur des chefs juifs; Jésus vint alors se présenter au milieu d'eux et leur dit: «Que la paix soit avec vous!»

Saisis de frayeur et d'épouvante, ils croyaient voir un esprit, mais il leur dit: «Pourquoi êtes-vous troublés et pourquoi de pareilles pensées surgissent-elles dans votre cœur? Regardez mes mains et mes pieds: c'est bien moi. Touchez-moi et regardez: un esprit n'a ni chair ni os comme, vous le voyez bien, j'en ai.»

En disant cela, il leur montra ses mains et ses pieds. Cependant, dans leur joie, ils ne croyaient pas encore et ils étaient dans l'étonnement. Alors il leur dit: «Avez-vous ici quelque chose à manger?»

Ils lui présentèrent un morceau de poisson grillé et un rayon de miel. Il en prit et mangea devant eux.

Alors il leur ouvrit l'intelligence afin qu'ils comprennent les Ecritures et il leur dit: «Ainsi, il était écrit – et il fallait que cela arrive – que le Messie souffrirait et qu'il ressusciterait le troisième jour, et que la repentance et le pardon des péchés seraient prêchés en son nom à toutes les nations, à commencer par Jérusalem. Vous êtes témoins de ces choses.»

Thomas appelé Didyme, l'un des douze, n'était pas avec eux lorsque Jésus vint. Les autres disciples lui dirent donc: «Nous avons vu le Seigneur.»

Mais il leur dit: «Si je ne vois pas dans ses mains la marque des clous, si je n'y mets pas mon doigt et si je ne mets pas ma main dans son côté, je ne croirai pas.»

Huit jours après, les disciples de Jésus étaient de nouveau dans la maison et Thomas se trouvait avec eux. Jésus vint alors que les portes étaient fermées, se tint au milieu d'eux et dit: «Que la paix soit avec vous!»

Puis il dit à Thomas: «Avance ton doigt ici et regarde mes mains. Avance aussi ta main et mets-la dans mon côté. Ne sois pas incrédule, mais crois!»

Thomas lui répondit: «Mon Seigneur et mon Dieu!»

Jésus lui dit: «Parce que tu m'as vu, tu as cru. Heureux ceux qui n'ont pas vu et qui ont cru!»

Jean 20; Luc 24

37. Dernières instructions

Les onze disciples allèrent en Galilée, sur la montagne que Jésus leur avait désignée. Quand ils le virent, ils se prosternèrent devant lui, mais quelques-uns eurent des doutes.

Jésus s'approcha et leur dit: «Tout pouvoir m'a été donné dans le ciel et sur la terre. Allez donc, faites de toutes les nations des disciples, baptisez-les au nom du Père, du Fils et du Saint-Esprit et enseignez-leur à mettre en pratique tout ce que je vous ai prescrit. Et moi, je suis avec vous tous les jours, jusqu'à la fin du monde.»

Matthieu 28

Puis il leur dit: «Allez dans le monde entier proclamer la bonne nouvelle à toute la création. Celui qui croira et qui sera baptisé sera sauvé, mais celui qui ne croira pas sera condamné.»

Marc 16

Après avoir dit cela, il s'éleva dans les airs pendant qu'ils le regardaient et une nuée le cacha à leurs yeux.

Actes 1

Jésus a accompli encore, en présence de ses disciples, beaucoup d'autres signes qui ne sont pas décrits dans ce livre. Mais ceux-ci ont été décrits afin que vous croyiez que Jésus est le Messie, le Fils de Dieu, et qu'en croyant vous ayez la vie en son nom.

Jean 20

38. Qui est Jésus? (5)

Au commencement, la Parole[16] existait déjà. La Parole était avec Dieu et la Parole était Dieu. Elle était au commencement avec Dieu. Tout a été fait par elle et rien de ce qui a été fait n'a été fait sans elle. En elle il y avait la vie, et cette vie était la lumière des êtres humains. La lumière brille dans les ténèbres, et les ténèbres ne l'ont pas accueillie.

Cette lumière était la vraie lumière qui, en venant dans le monde, éclaire tout être humain. Elle était dans le monde et le monde a été fait par elle, pourtant le monde ne l'a pas reconnue. Elle est venue chez les siens, et les siens ne l'ont pas accueillie. Mais à tous ceux qui l'ont acceptée, à ceux qui croient en son nom, elle a donné le droit de devenir enfants de Dieu, puisqu'ils sont nés non du fait de la nature, ni par une volonté humaine, ni par la volonté d'un mari, mais qu'ils sont nés de Dieu.

Et la Parole s'est faite homme, elle a habité parmi nous, pleine de grâce et de vérité, et nous avons contemplé sa gloire, une gloire comme celle du Fils unique venu du Père.

La loi a été donnée à travers Moïse, mais la grâce et la vérité sont venues à travers Jésus-Christ. Personne n'a jamais vu Dieu; Dieu le Fils unique, qui est dans l'intimité du Père, est celui qui l'a fait connaître.

Jean 1

16 Dans la philosophie grecque, la Parole (en grec *logos*) était le principe qui gouvernait le monde. Dans la pensée hébraïque, c'était une autre expression pour désigner Dieu. La parole exprime la pensée; Jésus est l'expression, la révélation de Dieu.

Envie d'en savoir plus?

Si vous souhaitez aller plus loin en lisant de plus larges extraits de la Bible ou (pourquoi pas?) la Bible tout entière, il est relativement facile d'en trouver une traduction dans une librairie.

Si vous souhaitez continuer dans la même version, peut-être voudriez-vous savoir à qui vous avez affaire... Alors, voici quelques renseignements.

La traduction Segond 21

La version Louis Segond de la Bible est l'une des plus répandues dans le monde francophone. Parue à la fin du 19e siècle, elle était l'œuvre d'un pasteur genevois né de parents français et a été révisée à plusieurs reprises par diverses sociétés bibliques.

La Segond 21 est une nouvelle traduction de la Bible, éditée pour la première fois en 2007 par la Société Biblique de Genève, qui s'en inspire. Elle est le fruit de 12 ans de travail sur les textes hébreu, araméen et grec, et tient compte des nouvelles informations à disposition. L'équipe de traduction était composée d'hommes et de femmes âgés de 25 à 80 ans, pasteurs et enseignants, au bénéfice de formations en théologie, en langues bibliques, en français ou en histoire ancienne, venus de Suisse, de France, du Cameroun et des Etats-Unis.

L'objectif qui leur était fixé? Proposer une formulation française fidèle à l'original, dans le langage actuel.

Pour plus de renseignements: www.universdelabible.net.

La gamme Segond 21 comprend plusieurs types de Bibles:

- Pour ceux qui veulent tout simplement découvrir le texte biblique, l'édition *standard* avec un minimum de notes, celles qui ont été jugées absolument indispensables à la compréhension du texte, est recommandée.
- Pourquoi la traduction est-elle différente, ici, de celle d'une autre version? Que dit précisément le texte original? Y a-t-il des différences entre les manuscrits anciens? De quelles informations dispose-t-on sur cet endroit ou ce personnage? A quoi le texte fait-il allusion? Avec environ 23'000 notes, une introduction 32 pages couleur et un dictionnaire, la *Segond 21 avec notes de référence* cherche à répondre à ces questions, et à d'autres encore...
- Ceux qui ont l'esprit jeune auront du plaisir à découvrir *MaBible.net*, la Segond 21 avec des introductions historiques et thématiques aux livres bibliques ainsi que des encarts qui donnent une foule d'informations et aident à comprendre le sens du message biblique pour nous aujourd'hui. Pour plus de renseignements: www.mabible.net.
- Ceux qui se demandent en quoi la Bible peut les aider aujourd'hui, que ce soit dans leur travail, leurs études, leur vie familiale ou sentimentale, peuvent se tourner vers *La Bible avec notes d'étude Vie nouvelle*. Elle contient environ 10'000 notes

donnant des renseignements d'ordre historique, culturel ou doctrinal et – surtout – faisant le «pont» entre le contexte d'alors et la réalité d'aujourd'hui, 131 portraits de personnages, 200 cartes au fil du texte, 260 tableaux récapitulant l'enseignement biblique sur tel ou tel sujet, une introduction à chaque livre, 11 schémas chronologiques, une concordance, des références parallèles... Et la liste n'est pas exhaustive! C'est l'outil idéal pour la méditation personnelle ou l'étude en groupe.

La Société Biblique de Genève

Editer et diffuser la Bible pour promouvoir la connaissance de Dieu, c'est la raison d'être de la Société Biblique de Genève, et c'est pour cette raison qu'elle a initié et mené à son terme le projet *Segond 21*. Les responsables de cette organisation, fondée en 1917 et indépendante, sont convaincus que la Bible n'est pas seulement un livre d'histoires anciennes, mais qu'elle peut et veut nous servir de point de repère, aujourd'hui encore, et nous aider à entrer dans une vie meilleure, celle que Dieu veut nous offrir.

Pour plus de renseignements: www.societebiblique.com.

Contenu